TeoPsicología
"Libre y Santo"

TeoPsicología "Libre y Santo"

Victor Manuel Muñoz Larreta y Ines Cecilia Gianni.

1ª ed. - Miramar: Volemos Alto, 2012.

Diseño de Tapa: Silvina Otamendi

silvinaotamendi2@hotmail.com

Diagramación interior: Julio C. Zani

www.ediciondeautor.com.ar

Impreso en Ghione Impresores SRL. www.ghioneimpresores.com.ar

Impreso en Argentina - Printed in Argentina

TeoPsicología
"Libre y Santo"

Sentimientos y
Relaciones Cotidianas

Contenido

Agradecimientos. 11

Dedicatoria 9

Caminando Hacia la Libertad... 13

Área de la Afectividad y las Relaciones Cotidianas. 13

Introducción 13

Las 4 áreas de la vida... 23

Área de tu Intimidad y tu Espiritualidad. .23

Área de tu Economía Personal y tu Vocación. 27

Área del Estilo de Vida y el Disfrute 32

Área de los Sentimientos y las Relaciones Vinculares.... 34

Cuaderno Personal... 36

Siendo libres.... 44

Las tres etapas de la vida... 49

In touch... (en contacto) 56

Sacar agua del pozo 58

Ejercicio... 59

El árbol de las relaciones.... 64

Cosechando en abundancia... 65

Cada persona en particular.... 72

¿Meteorología...? 78

El cambio comienza por "casa".... 80

Sacar agua del pozo (segunda parte) 83

Tips... (ideas para aplicar). 88

Tip N° 1 89

Resistencias al cambio... 92

Tip N° 2 94

¿Cuándo comenzamos a llevarnos mal? 95

¡Quiero comenzar hoy mismo! 96

Tip N° 3 97

Tip N° 4 99
Tip N° 5 101
Tus afectos... 103
Emociones negativas... 114
Emociones positivas... 116
Sacar agua del pozo (tercera parte) 121
Etapa de aprendizaje y repetición..................122
Etapa de meditación o formación: 126
Etapa: Percepción afectiva y pasional.............133
   Las heridas interiores... 135
Etapa: Perseverancia y madurez....................142
   No te agrandes... 143
   Ejercicio... 144
Canaletas (primera parte) 145
Una historia especial... 153
Siendo héroes.... 163
Aprendiendo a discernir... 166
Canaletas (segunda parte)...........................168
Dos grandes momentos.... 171
   Ejercicio... 177
Cayéndote de las alturas...............................181
Relacionándote con vos mismo... 183
   Confía y abandónate. 187
Lluvia 191
Las cumbres en las relaciones........................197
El poder en las relaciones... 198
Haciendo Comunidad... 201
Una historia muy particular... 203
   La corrección propia o de otros hacia vos........208
Evaluación final... 211
Propuesta Final... 212

DEDICATORIA

Queremos dedicar este libro a nuestros padres y/o ¡suegros!:

A los padres de Inés: Isabel Wachowics y Héctor Gianni

A la madre de Víctor: Helena Saralegui.

Ellos, con su ejemplo y apoyo nos han brindado un ambiente perfecto para dar pasos en nuestros sentimientos y en las relaciones cotidianas.

Con mucho amor...

Inés y Toio

Agradecimientos

A nuestro equipo de personas muy queridas:

Gracias a Shil Otamendi, por la creatividad en el diseño de cada una de las obras que vamos proponiendo.

Muchas gracias a todos aquellos que participan en los Talleres que vamos organizando en diferentes ciudades, y que con sus testimonios enriquecen cada obra.

Al involucrarse en crecer en sus propias vidas y al participar de estos eventos, hicieron que se fecundara nuestra **vocación**.

Como siempre, muchas gracias a Dios por marcarnos una vocación tan profunda, rica y hermosa.

Caminando Hacia la Libertad...

Área de la Afectividad y las Relaciones Cotidianas.

Había una vez unos **esclavos** que desconocían
que eran esclavos.
Un día alguien les habló de la **libertad**, y allí
¡¡¡comenzaron sus **problemas**!!!

Introducción

¡¡¡Hola!!!, que alegría encontrarnos para caminar juntos hacia la libertad más absoluta que te mereces.

Es un honor para nosotros estar aquí junto a ti para compartirte este libro a través de una serie de capítulos que te permitirán realizar ejercicios concretos para mejorar diferentes aspectos de tu vida cotidiana.

Este libro también se produjo en formato de AUDIOLIBRO, como para que lo puedas escuchar en diferentes situaciones. Luego te contaremos más...

Sabemos que contamos con **pocas páginas** para transmitirte un mundo nuevo en conocimientos que te permitirán liberarte de tus esclavitudes al tiempo de alcanzar tus mayores **anhelos y sueños.**

También sabemos que esta propuesta es sumamente **arriesgada** porque la proposición de compartirte conocimientos que te permitan alcanzar grandes anhelos pareciera ser demasiado **audaz,** pero la verdad es que estos conocimientos fueron probados primero por ¡¡¡nosotros mismos!!!, es decir que nosotros somos **testigos** de aquello que te vamos a compartir en las próximas páginas.

Este recorrido lo puedes observar también en nuestros otros libros: "Teoterapia: Sano y Santo", "Camino a la Libertad", "TeoEconomía: Santo y Rico, Economía Personal y Vocación", "TeoGenética: Apasionado y Santo, Tu Estilo de Vida y Disfrute" y en numerosos Audiolibros que hemos grabado.

Ambos somos Psicólogos egresados de la prestigiosa Universidad de Buenos Aires, con posgrados y estudios ulteriores en Psicología Sistémica, Psicología Corporal, Logoterapia, Psicología Cognitiva, e investigamos por más de veinticinco años las estrategias más modernas respecto del desarrollo personal.

Pero llamamos a este libro **"TeoPsicología"** porque también hemos atravesado tres décadas dedicadas al crecimiento espiritual con una formación profunda en diferentes escuelas clásicas de **espiritualidad católica.**

Aquí verás que los conceptos psicológicos están atravesados por ideas **Ignacianas, Carmelitanas, Dominicas, Franciscanas.**

La unidad entre la Espiritualidad y la Psicología es algo que surca todas nuestras obras.

Sin embargo, no necesitas conocer de espiritualidad o de psicología para leer este libro. Nosotros queremos meterte de lleno en un camino de libertad que te llevará hacia la **plenitud** de tu vida con conceptos sencillos y con herramientas bien concretas que puedas poner en práctica ¡hoy mismo!

Pero la palabra "**plenitud**" puede tener diferentes significados.

Para nosotros la palabra "plenitud" está íntimamente **emparentada** con tus **sueños** e **ideales.**

Es decir que en la medida que tu vida real se acerque más a lo que anhelas entonces la palabra plenitud se te irá acercando al diccionario cotidiano de tu vida.

Cada uno de nosotros, como vos, tiene **diferentes** sueños u objetivos.

Tal vez deseas formar una **familia,**

O mejorar alguna **relación** con una persona cercana: padre o madre, hijo o hija, ¡¡¡suegra o suegro!!!, novio o novia, jefe o jefa...

Tal vez quieras construir un **vínculo** más **íntimo** con alguien en particular.

O quizás quieras edificar tu propia **empresa.**

O alcanzar cierto grado de **libertad económica**, porque estas un poquito ahorcado financieramente hablando.

O mejorar tu estilo de vida y tu **calidad de vida**, porque la última vez que hiciste ejercicio fue cuando corriste el ¡¡¡colectivo local!!!

O crecer en tu **relación con Dios.**

O ensanchar tu **espacio interior** que está un poquito anoréxico.

O aprender a **disfrutar** cada momento de tu vida, porque sufres del síndrome del obsesivo que siempre sabotea todo disfrute.

Cada deseo es bien válido e importante.

El problema es que frecuentemente focalizamos en **un sólo deseo** a la vez.

Cuando lo alcanzamos, generalmente las otras áreas permanecen relegadas y pagan las consecuencias de tal distracción.

Por ejemplo:

Quieres crecer económicamente y deseas formar tu propia empresa.

Tanto tiempo le dedicas a esta tarea que tal vez tu familia o tus hijos o tu esposa o esposo o tu novia o novio, comienzan a quejarse porque no les dedicas a ellos el tiempo suficiente.

Alguno de ellos tal vez te reclame:

"Deja de estar siempre metido en tu trabajo, no te vemos nunca en casa...".

Así las relaciones que son importantes para vos comienzan a deteriorase.

Un día regresas a tu casa, después de trabajar muchas horas y descubres con asombro que tus hijos miden ¡un metro más de altura!, pero desconoces ¡¡¡cuándo fue que pasó todo eso!!!

O tal vez, al dedicarte exclusivamente al desarrollo económico o laboral, se comienza a resentir tu lado espiritual y tu vida se torna completamente materialista.

Sólo recurres a Dios para que te ayude a saldar una deuda o para que los clientes te compren más del producto que fabricas.

Así Dios se transforma en alguien que te tiene que **seguir** detrás de tus emprendimientos y ¿sabes qué?, por lo que nosotros sabemos, Dios no es muy buen "seguidor", porque sabe que usualmente metemos la pata.

A Él le gusta que lo sigamos porque quiere llevarnos a la libertad que soñamos en nuestro interior.

Nosotros creemos que esos anhelos de libertad que todos llevamos dentro, fueron puestos por el mismísimo Dios.

O posiblemente tu cuerpo comienza a mostrar síntomas de falta de dedicación, de descanso o de ejercicio.

¡¡¡Doscientos kilos de más y ojeras enormes cada mañana por falta de descanso apropiado!!!

¿Te ha pasado haber estado dedicado obsesivamente a alguna área en particular en tu vida?

¿Te ha pasado que por tener esa actitud las otras áreas quedan como en segundo plano?

Muchos padres se quejan de algún hijo o hija adolescente que sólo presta atención a las llamadas telefónicas de su novio o novia, y descuida los estudios, el deporte o las comidas.

A esta situación nuestras abuelas lo llamaban "cabecita de novio", ¿te acuerdas?

Pero déjanos contarte algo más personal.

Muchos años de nuestra vida estuvimos dedicados al crecimiento en el área espiritual.

Como fruto de esta dedicación servimos en numerosos retiros espirituales, dictamos muchísimos talleres sobre el crecimiento en la vida de oración que se llamaban "**Talleres de Acompañamiento Espiritual**", y hasta escribimos un libro que se llama "**Teoterapia: Sano y Santo**".

Tanto en esos talleres como en el libro, fuimos describiendo y trabajando en el proceso de crecimiento en la vida espiritual, y fuimos viendo con alegría como el crecimiento en esa área en particular produce frutos de **sanación psicológica**.

El tema de la sanación interior y del crecimiento espiritual nos apasiona y te compartiremos algo de esta pasión en diferentes capítulos de este libro.

Pasados los meses y años de dedicación a esta área, llegamos a dar **pasos enormes.**

Con el tiempo comenzamos a ser requeridos en diferentes partes del país y del mundo para dar talleres.

Nosotros gustábamos de nuestra vocación, y también nos alimentaba el hecho de observar los **frutos maravillosos** que se producen en las personas cuando se deciden a crecer en la **vida espiritual**.

A su vez, nuestros grupos de amistades pertenecían generalmente a estos círculos de personas que anhelan crecer en el aspecto espiritual.

Imagínate que los temas habituales de conversación con nuestros amigos tenían que ver con esta área en particular.

A nuestra casa a cenar suelen venir sacerdotes, religiosas, o personas que están fuertemente insertas en movimientos religiosos o en grupo parroquiales comprometidos.

Sin embargo, en la medida que fuimos creciendo como familia, y tuvimos tres hijos hermosos, nuestra **situación económica** comenzó a deteriorarse.

Pero como lo económico no era nuestro tema de interés, no conversábamos con nadie sobre las dificultades que se irían presentando a diario en los siguientes meses.

¿Cómo compartirle a la gente de nuestro alrededor sobre un tema que generalmente no se aborda en ese ambiente?

Lo curioso era que tampoco sabíamos nada sobre cómo estaban nuestros amigos en materia económica.

Cuando notamos esto, comenzamos a investigar y nos dimos cuenta que muchos de ellos estaban de regular a mal en materia económica, al igual que nosotros.

Algunos de ellos expresan una muletilla característica en el ambiente religioso: "no te preocupes, confía en la providencia".

El problema era que la "**providencia**", en nuestro caso, tenía nombre y apellido, eran nuestros familiares que nos ayudaban continuamente con lo necesario para llegar a fin de mes.

Pero pasaban los años y no aprendíamos nada al respecto de cómo enfrentar esas dificultades.

Por otro lado, algunos de nuestros amigos más cercanos mantenían un notorio sobrepeso.

Hay ¡**santazos**! al lado nuestro, y los **kilos de más** que llevan puestos son tan notorios como la **aureola** que tienen alrededor de sus cabezas.

En algunos ambientes religiosos hay personas que tienen relaciones familiares bien deterioradas.

Se acostumbra decir que "**el que sigue a Cristo suele tener dificultades aún en su propio ambiente familiar**", pero para algunos es difícil darse cuenta que los problemas de personalidad, de mal humor, de mala forma para decir las cosas, de falta de tiempo de dedicación a los vínculos más importantes, no tenían nada que ver con el seguimiento a Cristo.

Es allí donde pudimos observar, de manera bien clara y concreta, que frecuentemente **se crece** en la vida de forma **despareja**.

Esta situación se repetía no sólo en nosotros mismos sino también en casi todas las personas de nuestro alrededor.

Tal vez focalizas en crecer espiritualmente pero desproteges a tu querido cuerpo y los kilos de más comienzan a asomar desde la cintura.

Nos había pasado que en el área espiritual habíamos dado pasos de gigantes, mientras que en el área económica laboral habíamos estado caminando en **círculos**, o peor aún, ¡¡¡retrocediendo!!!

¿Te das cuenta de la incoherencia que llevábamos?

Si observas a tu alrededor notarás que esto mismo que nosotros descubrimos lo puedes ver en todos los ambientes.

Por ejemplo nosotros somos psicólogos, y dentro del ambiente de la psicología también se encuentran incoherencias.

Psicólogos de pareja, que van por el quinto divorcio.

Psicólogos de adolescentes, que no se hablan con sus hijos.

Psicólogos de familia, que se llevan mal con toda su familia.

La gente percibe estas incoherencias y generalmente las rechaza.

Cuando uno alcanza el título de "psicólogo" lo primero que recibe de su familia son las felicitaciones, pero segundos después todos ellos esperan una coherencia entre lo que se estudió y el testimonio de vida.

Si por alguna razón uno se enoja y dice algo de mal modo, siempre habrá alguien cercano que dice: "¡¡¡hay, mirá al psicólogo como se enoja...!!!".

Pero la descripción no quiere levantar un dedo acusador sobre nadie porque, en realidad, todos llevamos un poco de estas incoherencias encima.

¡Lejos de nosotros querer arrojar la primera piedra!

Al describirte estas situaciones lo hacemos desde nuestro deseo de ilustrar lo importante que es focalizar en diferentes áreas de la vida y no en una sola a la vez.

¡Perdón si te has sentido señalado por algún ejemplo!

Nos ha pasado que algún amigo "pasadito en kilos" se enojó alguna vez cuando hablamos del tema del ¡sobrepeso!

La verdad es que en cualquier ambiente que observes podrás notar que se esgrimen incoherencias.

Pero ahora permítenos preguntarte algo:

¿Cómo estás vos en las diferentes áreas de tu vida?

En unos minutos te ayudaremos a evaluar tu vida porque aquí la idea es que trabajes en tu interior de forma intensa.

Algunos ejercicios te permitirán evaluar y crecer en libertad en diferentes áreas.

Por eso tienes una gran responsabilidad en los frutos que obtengas al final de la obra.

Nosotros te daremos lo mejor de nuestra parte para presentarte la metodología suficiente para que tu vida cambie rotundamente, pero está en vos el trabajar en los ejercicios propuestos para conocerte y para realizar cambios concretos.

Pero antes de evaluar tu vida te contamos que por una cuestión práctica a nosotros nos gusta dividir la vida en **cuatro áreas** generales.

Es una forma fácil y concreta de observar diferentes aspectos sin hacerse tanto lío.

La descripción de las diferentes áreas, que te daremos a continuación, te servirá para que puedas evaluar de manera más clara cada aspecto.

Puedes escuchar una cantidad inmensa de audios o leer libros sobre desarrollo personal, pero si no te dedicas unos minutos a conocerte a vos mismo, nada de lo que digamos te dará frutos.

Nadie puede conocer más tu interior, que vos mismo.

Por eso te daremos algunos ejercicios que te ayudaran en esa aventura hasta la intimidad de tu **castillo interior**.

Es desde allí que podremos comenzar a construir las estrategias que te ayudarán a **alcanzar la felicidad** más plena que te mereces.

Si bien en el libro "Camino a la Libertad" te nombramos estas cuatro áreas, aquí focalizaremos en el aspecto afectivo y vincular, es decir sobre tus sentimientos, emociones, estados de ánimo, y también sobre la forma que tienes de relacionarte con aquellos que te rodean.

Pero también podrás derivar algunos de los conocimientos a otras áreas de tu vida.

Veamos entonces cuáles son esas cuatro áreas...

Las 4 áreas de la vida...
Área de tu Intimidad y tu Espiritualidad.

En ella percibes tu **espacio interior**.

También penetras en el **conocimiento de vos mismo**.

Y en esta área también te metes de lleno, si eres creyente, en la **relación con Dios**.

Es el área de tu interior en donde conviven las cuestiones cotidianas justo allí cerca de las cuestiones más trascendentes.

Por eso es también el área en donde desarrollas tus **valores** más preciados.

De estos valores surgen y se ordenan tus **prioridades** por niveles de importancia.

Es desde allí que decides qué es **importante** para tu vida.

Por ejemplo dices que las prioridades en tu vida son:

La relación con tu pareja.

O la relación con tus hijos.

O la amistad y la relación que tienes con tus amigos.

O el crecimiento económico.

O el desarrollo de algún deporte.

O crecer en unión con Dios.

O bajar de peso.

O crecer en el aspecto laboral.

O formar tu propio negocio.

O irte de vacaciones.

O... vos dirás...

Cada uno de nosotros tiene **valores** diferentes y **prioridades** diferentes.

Crecer en ésta área significa saber más sobre lo que es **importante** para vos.

No es fácil detenerte para evaluar qué es lo importante para vos.

Después comienzan a pasar los años y tal vez te das cuenta tarde que no le dedicaste el tiempo suficiente a aquello que era **esencial** para tu vida.

Por eso al focalizar en esta área iras teniendo mayor claridad sobre lo que es "**importante**" y lograrás luego diferenciarlo de aquello que es "**urgente**".

Tal vez descuidaste lo importante por cambiarlo por cosas que son **urgentes**.

¿Puedes darte cuenta de esta diferencia?

Es también desde tu interior que descubres los maravillosos **tesoros** que llevas dentro, pero al mismo tiempo descubres, con alguna sorpresa, las raíces de tus peores **miserias**.

Por eso, crecer en esta área es importantísimo porque es como la **columna vertebral** desde donde saldrán las grandes decisiones de tu vida.

Es también desde esta área que **tomas decisiones** y **disciernes** qué es lo más importante cuando se te presentan **conflictos de valores**.

Veamos un ejemplo de "conflictos de valores".

Muchas mujeres quieren dedicarle tiempo suficiente a sus relaciones más cercanas.

Quieren estar **más tiempo** con su pareja o con sus hijos o con su madre, o dedicarse más a algún pariente que las necesita porque está atravesando alguna dificultad de enfermedad o crisis.

Pero al mismo tiempo, en nuestro mundo actual, **necesitan generar ingresos** para subsistir porque con el ingreso del marido no les alcanza para solventar los gastos del grupo familiar, y mucho menos si integran lo que ahora en idioma técnico se llama "**familia monoparental**", que en criollo significa: ¡¡¡estar sola tratando de hacer magia para alimentar a todo el grupo familiar...!!!

Se produce entonces un "**choque de valores**" y la pobre mujer se siente en la paradoja más terrible:

Le **dedica** tiempo al trabajo pero le **quita** tiempo a la relación con los que la necesitan.

O les dedica tiempo a esas personas pero no logra llegar a fin de mes con lo necesario para abastecer al grupo familiar.

¿Te ha pasado algo similar?

Seguramente que has tenido muchísimas veces grandes conflictos de valores.

Lo que queremos alentarte es que al focalizar en ésta área, a través de los libros o audios que trabajan sobre ella, podrás alcanzar un equilibrio en los diferentes aspectos de tu vida.

Intentaremos que consigas más "**Y(es)**" que "**O (es)**".

Es decir que buscaremos que alguien como vos pueda salirse de la **trampa** de tener que estar escogiendo entre cosas importantes y puedas **crecer en todos los valores** que son importantes para tu vida.

Que mejores tus ingresos, pero que también mejores los tiempos con tus hijos, con tu pareja, con tus familiares o amigos.

Que mejoren al mismo tiempo tus ingresos y tu inserción laboral.

Que mejore tu energía corporal y tu calidad de vida.

Que aprendas a disfrutar con mayor integridad, mientras sigues adelante creciendo en otras áreas.

Es decir, queremos que logres una mayor ¡¡¡**LIBERTAD**!!!

Queremos que todo lo que sea importante para vos en tu vida **se desarrolle** y llegue a su **plenitud**.

Área de tu Economía Personal y tu Vocación.

En ella se destaca tu realidad **económica** y **financiera**.

Muchos quieren crecer económicamente pero no se toman el tiempo suficiente para aprender sobre el asunto.

Habrá que comenzar por diagnosticar tu realidad económica, sin resistencias ni ocultamientos.

¿Cómo están tus estados financieros?

¿Cómo discernir qué pasos necesitarás dar para alcanzar la libertad económica que anhelas?

Son todas preguntas que irán surgiendo cuando te metas de lleno en esta área a través de los audiolibros y libros que hemos desarrollado para vos.

Al focalizar sobre estos temas, te compartiremos estrategias de desarrollo económico que ¡¡¡te sorprenderán!!!

Pero en esta área también puedes redescubrir la naturaleza de tu **vocación.**

Es importantísimo que puedas percibir tu vocación y tu **misión.**

Muchos de nosotros sufrimos el **divorcio** entre **misión y trabajo.**

Tal vez vos te dedicas a trabajar en un ámbito que **no deseas**, o peor aún, que ¡¡¡detestas!!! pero que necesitas aguantar para generar los ingresos suficientes para subsistir

Esta situación puede llegar a ser **frustrante**.

No lograr alcanzar tus máximos ideales en materia de vocación puede llegar a ser la raíz de futuras **depresiones**.

Conocemos muchas personas que padecen de depresiones serias.

Cuando buscan las **raíces** de ese padecimiento se encuentran que tienen que ver con haber **renunciado** a algún tema fundamental que gira alrededor de su vocación.

Es que la "**vocación**" es el "**sentido**" de tu vida más amplio. Si no le dedicas el tiempo suficiente a descubrir cuál es, entonces tu vida carecerá de un combustible fundamental.

Al tocar este tema en los talleres que solemos organizar, muchas personas se nos acercan y nos cuentan que desconocen totalmente cuál es su vocación.

Este desconocimiento causa **errores** profundos en la toma de decisiones. Porque nadie puede dedicarse a aquello que desconoce.

Al conocer tu vocación tu vida se plenificará hasta su máximo potencial.

Por otro lado, al dedicarte a evaluar ésta área, te propondremos estrategias que te permitan alcanzar la **libertad económica** suficiente para desarrollar las otras áreas de tu vida.

Por ejemplo conocemos a muchas personas que quieren hacer un retiro espiritual pero no tienen ni el tiempo ni el dinero suficiente para poder realizarlo.

En la comunidad católica en la cual nos insertamos, se organizan siete diferentes tipos de retiros de seis días cada uno.

Se llaman "**Convivencias con Dios**".

Son realmente hermosos y profundos, y ayudan para crecer en el área espiritual sin paradas, como en un ¡¡¡ascensor al cielo!!!

Casi todos los guías, de todas las religiones en el área espiritual, aconsejan retirarse unos días al año para dedicarse a las cuestiones interiores.

Pero hay muchas personas que no pueden apartar unos días al año para concurrir a los retiros porque tienen muy poco tiempo de vacaciones anuales.

Otros tienen que dedicar ese tiempo escaso a la familia o a otra actividad importante.

Entonces la vida los coloca en la paradoja de elegir entre crecer espiritualmente o crecer en las relaciones familiares.

Nosotros creemos que se puede ir por **ambas cosas** a la vez.

Es decir que queremos que crezcas espiritualmente, que crezcas vincularmente, que crezcan tus tiempos de vacaciones y disfrute, que crezcas en un estilo de vida saludable, que crezcas en alegría, y también en tu relación contigo mismo, que crezcas en la relación íntima con Dios, al tiempo que tu empresa produzca nuevos saltos, que crezcas en un estilo de vida que sea una metáfora de tu plenitud.

¿Te das cuenta que no tener libertad económica es mucho más amplio de lo que puedas pensar a simple vista?

Cuando tienes **esclavitudes** laborales o económicas tienes que renunciar a alguno de estos valores importantes. Y esa renuncia es generalmente ¡¡¡evitable!!!

Queremos que crezcas en libertad económica para que todo lo que sea importante en tu vida se desarrolle.

De hecho el tema económico frecuentemente repercute muchísimo en las otras áreas...

Hay numerosas parejas que se separan por problemas económicos.

Hay hermanos o amigos que se distancian por cuestiones económicas.

Hay diferentes comunidades que se destruyen por diferencias de criterios económicos.

Ni hablar de numerosas empresas que tienen un ambiente laboral estresante por cuestiones económicas.

Hay hombres que atraviesan depresiones severas en momentos de desempleo o cuando no logran alcanzar el dinero suficiente para mantener a su grupo familiar.

Hay mujeres sometidas a maridos violentos por cuestiones de dependencias económicas.

Hay jóvenes adultos sometidos a sus padres por falta de independencia económica.

Hay hombres con serios problemas de impotencia sexual, que tienen que ver con el estrés que les causa los problemas económicos y laborales.

¿Sabes? La mayoría de los adultos varones que vienen a nuestro consultorio, se acercan por cuestiones que tienen que ver con ésta área de la economía personal, el trabajo y los emprendimientos.

Tal vez tienen serios problemas de pareja, y hasta por allí alguno le es infiel a su esposa desde hace varios años, pero ese tema no aflora hasta bien pasadas las ¡diez sesiones! ¿Puedes creerlo?

En cambio la mayoría de las mujeres adultas consultan por problemas vinculares o emocionales, y el tema de la economía personal, la vocación, la libertad financiera, los problemas de sometimiento o esclavitud económica, no afloran hasta muy avanzado el proceso terapéutico.

Aquí te nombramos algunos ejemplos de cómo la economía personal repercute en cuestiones cotidianas.

Por eso es importantísimo que en algún momento te detengas a evaluar ésta área de tu vida pero con una metodología que te permita crecer.

Hay veces que evaluamos un área de nuestra vida, y una vez que sabemos "**qué**" nos pasa, desconocemos el "**cómo**" hacer para salir adelante.

Por ejemplo sabemos que estamos muy mal económicamente pero desconocemos cómo salir adelante.

Sabemos que atravesamos frecuentemente crisis de depresión o de angustia, pero no sabemos cómo cambiar nuestros estados de ánimo.

Sabemos que nos llevamos muy mal con nuestra familia, o con los pares del trabajo, pero no sabemos cómo mejorar esas relaciones.

Cuando focalices en cada área en particular, aprenderás a **evaluar** tu situación actual, al tiempo también de aprender nuevas **estrategias** para mejorar cada aspecto.

Área del Estilo de Vida y el Disfrute

Es increíble como a medida que comenzamos a focalizar en un área en particular, ésta pareciera ser la más relevante.

Pero en sí todas son elementales.

Por eso es sumamente importante que puedas ir dando pasos en cada una de ellas.

En esta área del Estilo de Vida evaluarás cómo está tu calidad de vida, el descanso, las vacaciones, la energía corporal, la dieta sana.

También podrás advertir qué **capacidad de disfrute** tienes en las actividades de recreación que te llevan a la alegría o a la paz.

Muchas personas cuando tienen un tiempo libre dicen: "¡¡hay!! **tendría que estar trabajando**", y cuando están trabajando dicen: "**¡¡¡debería tomarme vacaciones!!!**"

Así van atravesando la vida sin el gusto de aprender a disfrutar de los ratos de ocio y recreación, de aquel momento que necesita el alma para **oxigenarse** y para **intimar** en la vida espiritual o con las personas más cercanas.

En el libro o audiolibro que focaliza en esta área encontrarás muchos ejercicios que te permitirán alcanzar una libertad inimaginable en materia del Estilo de Vida.

Un Estilo de Vida que te haga **elegir** con libertad, la casa, barrio, ciudad, país, en donde desarrollar al máximo tus potencialidades.

Un Estilo de Vida que tenga que ver con todas las áreas de tu vida.

Un Estilo de Vida que no sea un sueño sino que esté volcado en una **agenda** concreta.

Por eso ésta área te permitirá tener una vista aérea de tu vida para elegir con libertad.

Hay personas que nunca se cuestionaron la casa o el barrio donde viven porque creen que no tienen la posibilidad de elegir otras circunstancias.

Al focalizar en esta área podrás comenzar a notar que la casa, el barrio, la ciudad, o el país en donde vives tienen que tener una coherencia enorme con tu vocación.

ÁREA DE LOS SENTIMIENTOS Y LAS RELACIONES VINCULARES...

Y finalmente llegamos al área que elegiste con este libro.

En ella se encuentran tus emociones, sentimientos y **estados de ánimo** con sus vaivenes.

Importantísima esta área ¿no?

Al focalizar en ella, podrás percibir la naturaleza de tus relaciones familiares, sociales, y laborales.

La **riqueza** de alguna de ellas, pero también lo **tóxico** de alguna que otra relación.

Por otro lado están los sentimientos.

Fíjate que muchos de nosotros creemos que los **sentimientos** son **anárquicos**, es decir que no los podemos manejar de la manera que deseamos.

Pareciera que no los podemos domar, y ellos nos llevan por donde quieren.

Caemos así en la **esclavitud** de nuestros propios **estados de ánimos**.

Al focalizar en esta área, aprenderás a **dominar o encausar** tus emociones.

Así podrás vivir en la plenitud de la felicidad, y en la libertad de escoger vivir en la alegría.

¡No necesitas atravesar largos períodos de depresión o ansiedad!, ¡¡¡eso se puede cambiar!!!

En ésta área aprenderás también a mejorar tus vínculos, es decir la relación con aquellos que te rodean, con tu familia, hermanos, padres, hijos, pareja, parientes políticos, autoridades, empleados, pares, amigos, etc.

Sanar y **armonizar** aquellas relaciones que hoy no son plenas requiere de tiempo y dedicación.

Pero también necesitarás del conocimiento específico que te ayude a crecer en estas relaciones cotidianas.

Por más que tengas muchas ganas de llegar a Saturno, y te subas a un cohete en Huston Texas, no vas a saber dónde está el botón que dice "encendido" para que arranque el Transbordador ¡¡¡si primero no te **formas**!!!

Créenos que aquí también la formación y la práctica producen frutos increíbles en el florecimiento de tus relaciones más cercanas.

Muchas personas padecen de **temores** a la hora de intentar generar relaciones nuevas o íntimas en su vida.

Al fracasar en este aspecto terminan padeciendo de una **soledad** profunda e insoportable que los acorrala y no los deja vivir con alegría.

Por eso, a lo largo del libro, tendrás estrategias fantásticas para desarrollar **habilidades sociales** que te permitan crecer en el área vincular, tanto en ambientes de intimidad como en ambientes laborales o sociales.

Pero para que todo esto que leas quede grabado con mayor fuerza en tu interior, veamos la siguiente propuesta…

Cuaderno Personal...

Este no es un libro cualquiera, es un "**taller**", y como tal requiere de tu predisposición para trabajar una serie de ejercicios que te permitan crecer más allá de lo que puedes suponer en primera instancia.

Es muy lindo leer un libro que te propone ideas fantásticas.

Hay veces que leemos un libro así y luego se lo recomendamos a todo el mundo.

El problema surge cuando no llevamos a la práctica todas esas ideas fenomenales.

Por eso te proponemos tener un **cuaderno personal** como medio para volcar todas aquellas ideas "**impulso**", es decir las ideas que más te lleguen al corazón y que te propongan tomar decisiones.

También el cuaderno te ayudará a desarrollar algunos ejercicios que te iremos proponiendo para evaluar tu situación y también te ayudará para desarrollar estrategias que te permitan dar pasos.

Inés suele regalar "cuadernos personales" a las personas que acompaña en su proceso de crecimiento.

Es que creemos que es una herramienta fantástica para elaborar, evaluar, y fijar ideas.

Sabemos que realmente no es fácil evaluar la vida.

Hay veces que no tenemos **ideales** u objetivos claros.

¿Cómo podré saber si me llevo bien con las personas si no tengo un **modelo** de relación sana que me ayude a darme cuenta cómo estoy?

Hay personas que nacieron en familias con **códigos violentos.**

Luego, al formar su propia pareja, continúan con esas conductas violentas aprendidas en su familia de origen, pero no se dan cuenta que están mal porque desconocen que hay otro tipo de forma de comunicarse.

Tal vez carecen de referentes cercanos que tengan otra forma de relacionarse.

Nosotros, en las siguientes páginas, intentaremos mostrarte algunos **ideales** para que vos puedas hacerlos tuyos o al menos confrontarlos con los que observaste o aprendiste a lo largo de tu vida.

Las personas que tienen **ideales** o modelos **bien claros**, son como locomotoras imparables, y son aquellos que han logrado no sólo cambiar su mundo cotidiano sino que también han logrado cambiar el mundo de aquellos que los rodean.

Por eso es imprescindible que sepas **qué** es lo que **verdaderamente quieres** en tu vida.

Pero por ahora, en esta primera hoja de tu cuaderno personal vamos a intentar evaluar cómo estás en cada una de estas cuatro áreas:

1) Espiritualidad e Intimidad
2) Afectividad y Relaciones Vinculares
3) Económica Personal y Vocación
4) Estilo de Vida y Disfrute.

Algunas preguntas te pueden ayudar a evaluar con mayor profundidad cada área.

Si bien en otros capítulos profundizaremos aún más sobre el área de los sentimientos y de tus relaciones cotidianas, ahora es tiempo de tener una **vista aérea general** de tu vida.

A medida que leas cada pregunta, detente en aquella que quieras contestar y vuelca la respuesta en tu hoja.

No leas todas juntas. Intenta, en la medida de tus posibilidades, contestar la mayor cantidad de preguntas posibles.

¡¡¡Diviértete con el ejercicio!!!

¿Te parecen muchas? ¡¡¡Suerte que no te pusimos cuatrocientas!!!

1) ¿Cómo es tu relación con Dios, si es que crees en alguien superior a vos?
2) ¿Tienes espacios diarios de meditación o reflexión?
3) ¿Te retiras algunos días al año para evaluar tu vida y tus objetivos?
4) ¿Sabes cuáles son tus prioridades y el orden de importancia de cada una de ellas?
5) ¿Algún valor importante en tu vida ha quedado de lado?, como por ejemplo...:
   - la amistad
   - la alegría
   - el deporte
   - tu vocación
   - tu misión
   - la relación de pareja
   - las vacaciones
   - la oración
   - el crecimiento económico
   - la plenitud laboral

- la formación y el estudio

6) ¿Cómo son tus estados de ánimo cotidianos?

7) ¿Tienes altibajos emocionales?

8) ¿Alguna tendencia hacia la depresión o hacia la ansiedad, te produce malestar?

9) ¿Cómo están tus relaciones más cercanas, las íntimas, las relaciones familiares, sociales, tus vínculos laborales?

10) ¿Cómo es la relación contigo mismo?

11) ¿Te amas y te soportas o te castigas cotidianamente por algunos errores del pasado o del presente?

12) ¿Cómo está tu economía personal?

13) ¿Tienes capacidad de ahorro, inversión, o de gasto en situaciones de disfrute?

14) ¿Tienes libertad para elegir el estilo de vida que deseas y mereces?

15) ¿Te dedicas a tu vocación, si es que realmente conoces de qué se trata tu vocación?

16) ¿Eres generador de oportunidades económicas y laborales para otros o estás en una situación más bien de "demanda" laboral y económica?

17) ¿Cómo está tu estilo de vida saludable, más allá de tus limitaciones físicas?

18) ¿Mantienes el peso corporal adecuado?

19) ¿Tienes el descanso necesario?

20) ¿Te vas de vacaciones de vez en cuando?

21) ¿Disfrutas tu vida o la padeces?

22) ¿Realizas algún tipo de ejercicio o deporte?

Verás que en estas preguntas están reflejadas mínimamente las cuatro áreas generales.

Al contestarlas estuviste sacando una **radiografía** general de tu vida.

Así pudiste detenerte para evaluar cómo estás.

Luego veremos qué pasos dar para crecer.

Es maravilloso comenzar sabiendo cómo estamos.

Pero déjanos hacer un paréntesis para ilustrar lo que sigue.

Te damos un ejemplo de nuestra vida...

A medida que fuimos creciendo en el mundo espiritual, notamos que íbamos teniendo un **reflector** en nuestro interior.

Con esta **luz** vimos más claramente las **maravillas** que llevamos dentro.

Ese mundo interior está cargado de dones y carismas, pero al mismo tiempo comenzamos a notar también los **defectos** más ocultos.

Como fruto de haber focalizado en el área espiritual, fuimos dando grandes pasos, pero otras área de nuestra vida no habían acompañado semejante avance.

Nuestros amigos y conocidos decían: "que bárbaro estos chicos, qué lindos pasos espirituales han dado".

Pero nosotros podíamos comenzar a ver que otras áreas estaban rezagadas.

Por ejemplo en la economía personal notábamos que no se trataba de vivir **frugalmente**. Eso lo intentábamos hacer.

Pero, de cualquier manera, nuestros ingresos no alcanzaban para pagar los gastos comunes que necesitábamos para todo el mes.

Una familia tipo, con tres hijos necesita cierta cantidad de dinero para vivir.

Algunos necesitarán más otros menos de acuerdo a su edad, a su nivel social, o a su ciclo vital.

Pero hay un **básico** que todos necesitamos establecer y lograr para **vivir dignamente**, y nosotros no estábamos cómodos con ese básico.

Lo curioso del tema es que nos sentíamos lo suficientemente **inteligentes** como para crecer en lo económico.

Pero en lo concreto, la escasez económica marcaba nuestra ignorancia en el tema.

Teníamos amigos muy cercanos que habían dado pasos enormes en el área económica.

Por ejemplo Andy Beutín a quien le dedicamos el libro "Camino a la Libertad", fue un empresario de lujo, y también tremendamente próspero en ese sentido.

Otro amigo había dado pasos en el área del deporte o de la vida saludable, como por ejemplo Ricky Fernández Madero que había logrado alcanzar casi ¡¡¡uno o dos de Handicap!!! en Golf.

También, Alejandro Gianni, hermano de Inés, había crecido en las relaciones sociales y políticas, insertándose como Sociólogo en la municipalidad de su ciudad y había logrado organizar el sindicato de recicladores urbanos.

Otro amigo y actualmente socio, con quien damos diferentes Talleres de desarrollo personal en diferentes ciudades, Edgar Podestá, había crecido dentro de los ministerios de conducción de la Comunidad Católica a la cual pertenecemos.

Luego de algunos años de dedicación, lógicamente, cada uno había logrado crecer en aquello que había focalizado.

Fíjate que cada uno había dedicado gran parte de su tiempo al área en la cual terminó dando frutos.

Pero por ejemplo quien se había dedicado al área empresarial y económica sabía que necesitaba dedicar un poco más de tiempo al área espiritual si quería que su vida fuera plena.

Quien se había dedicado a las relaciones sociales, necesitaba focalizar en el aspecto económico si quería dar un nuevo salto en su vida.

¡No sé para vos, pero para nosotros esa fue una gran enseñanza!

Nos dimos cuenta que si focalizamos en un área en particular **crecemos**.

Y por el contrario, en aquella área que no prestamos atención, lo más probable es que **retrocedamos** o con suerte tal vez nos mantengamos.

Es decir que si quieres crecer en las relaciones íntimas o sociales o quieres tener un cuerpo más saludable o quieres alcanzar un mayor grado de libertad económica o quieres escalar las alturas de la mística espiritual, tienes que focalizar y prestar atención a cada una de estas áreas.

Muchas personas se sienten **solas** y no saben cómo establecer vínculos más íntimos con otros.

Otros sienten que su afectividad es una **montaña rusa**, por los altibajos que sufren.

Otros notan que tienen un millón de kilos de **sobrepeso.**

Otros perciben que no le dedican tiempo suficiente a las vacaciones o a la recreación.

Otros sienten que su espacio interior es anoréxico.

Pero por más que notes también estas carencias en tu vida, **ahora** es tiempo de focalizar en la forma de crecer en cada uno de estos temas para alcanzar la plenitud a la que estas llamado a vivir.

Por eso, luego de esa evaluación, a vuelo de pájaro, ya te habrás dado cuenta que algunas de tus áreas necesitan una ¡¡¡mayor atención!!!

Y esto es buenísimo para comenzar a dar pasos de crecimiento y libertad...

SIENDO LIBRES...

Crecer "hacia la libertad" es un título muy llamativo, pero déjanos definir **qué** entendemos nosotros por **libertad** en cada área.

Ojo, somos de ¡¡¡volar bien alto!!!

No te espantes si los ideales de libertad que te proponemos a continuación son demasiado elevados.

La idea es "**tender**" hacia esos ideales.

Hay un dicho que define esta idea:

**"Apúntale a las estrellas si quieres
acertarle a la montaña"**

Por eso, una manera de definir la libertad para cada área, es comenzar por definir el **ideal** para cada una como lo hicimos en el libro "Camino a la Libertad".

Te refrescamos así los conceptos sabiendo que "la repetición es la madre de las virtudes".

En el área **espiritual** y de **intimidad** el ideal es la **santidad** y la **sabiduría**.

Entendemos a la **santidad** como sinónimo de haber alcanzado el máximo crecimiento posible en la vida espiritual.

Es transformarse en un modelo de **coherencia** entre aquello que uno cree con aquello que uno vive.

Es mantener una **armonía interior** entre tu **fe** y tu **estilo de vida.**

Es también sinónimo de **fecundidad espiritual.**

Es lograr engendrar obras sabias y santas como fruto del crecimiento interior.

Entendemos a la **sabiduría** como sinónimo de **conocimiento perfecto** de **vos mismo.**

Es comprender las maravillas, **dones y carismas** que llevas dentro.

Es también el conocimiento maduro de tus **imperfecciones** y las raíces de ellas.

Son ideales bien altos y por eso tal vez te sorprendas, pero queremos alentarte a mirar bien alto en tu vida.

Pero si no te caíste de espalda al leer estos ideales del área espiritual y de intimidad, entonces déjanos compartirte los ideales que te proponemos para las otras áreas.

En el área de tus sentimientos, emociones y de tus relaciones cotidianas los ideales son los siguientes.

Paz interior y alegría, en cuestiones que tengan que ver con tus sentimientos.

Armonía y fecundidad en las relaciones cotidianas, tanto en lo personal, como en lo familiar, en lo social, en lo laboral.

Es decir que el ideal afectivo está bien lejos de algunos sentimientos cotidianos que puedas tener de ansiedad, depresión, o soledad.

Es vivir en la vereda opuesta, allí donde la **alegría** es parte habitual y cotidiana de tu día a día.

Es también despojarte de **relaciones enfermas o tóxicas**, sanándolas o construyendo nuevas relaciones en base a modelos sanos y fecundos.

Es desarrollar el **rol** al cual estas llamado a **ejercer** en los diferentes niveles de tu vida familiar, social o laboral.

Ubicándote allí donde tu vida sea más fecunda para vos mismo y para los demás.

¿Qué tal? ¿Qué te parecieron estos ideales?

Sigamos entonces con la siguiente área...

En el área de tu economía personal y tu vocacional los ideales son:

La **libertad económica**, por un lado y dedicarte de lleno a tu **vocación** y tu **misión** por el otro.

La "libertad económica" significa no necesitar de un salario esclavo para vivir, sino de poseer los **activos** necesarios que se hagan cargo de las necesidades básicas cotidianas.

Te preguntarás ¿qué significa esto de **activos**?

Los activos son inversiones que producen frutos económicos.

En el libro y audiolibro, que hemos producido sobre ésta área, se detallan con mayor profundidad estos conceptos y también allí te proponemos estrategias para obtener activos.

En la medida que crezcas en libertad económica, podrás trabajar al ciento por ciento en tu misión y en tu vocación.

Así logrará unir tu vocación al trabajo.

También lograrás una **fecundidad económica** no sólo para abastecerte a vos mismo o a tu entorno más cercano, sino también para generar oportunidades para otros.

Es decir que el ideal es atravesar la vida desde un lugar de **demanda** hacia un lugar de **fecundidad**.

¿Qué tal? ¿Te gustan estas ideas?

Entonces sigamos adelante...

En el área del **Estilo de Vida** y el **Disfrute** los ideales son...

Una **calidad de vida** que te permita alcanzar tu máximo potencial.

Calidad de vida significa vivir en plenitud, porque la vida merece ser vivida así.

Y el ideal del **disfrute** es la **alegría** y la **pasión**.

Es la posibilidad de vivir la riqueza de **cada momento**, de cada circunstancia, alcanzando la certeza de que tu vida está edificada sobre un eterno presente.

Cuando esos momentos están empapados de una alegría constante, tu vida entonces se transforma en la grandiosidad que está llamada a ser.

La vida merece ser vivida con pasión, con amplitud y con fecundidad.

En el libro sobre esta área también focalizamos en un tema que te sorprenderá y que creemos que es el futuro de la psicología y de parte de la medicina.

Ese tema se llama **"Epigenética"**.

Es una nueva rama de la biología que estudia cómo se modifican los genes a partir de la influencia del "medio ambiente".

Ese medio ambiente puede modificar los genes. Y por "medio ambiente" también se entiende nuestro sistema de creencias, personas que nos rodean, estilos de vida saludables, percepciones sobre el mundo, sobre el pasado y sobre el futuro, etc.

Te darás cuenta que este tema es fantástico y amplísimo.

¿Qué tal? ¿Qué te parecen estos ideales? ¿Son magníficos, verdad?

Queremos compartirte que además de magníficos, son **alcanzables** y **deseables**.

Si por ahora te parecen ideales demasiado volados o imposibles es normal. Estamos frecuentemente acostumbrados a un mundo mediocre que **mata ideales**.

Un mundo que ahoga sueños en base a **ideas lógicas** que parecieran ser más "**reales**" o "**prudentes**".

Pero la lógica muchas veces no es amiga de los ideales.

Por eso, por ahora sólo te pedimos que levantes tu vista hacia lo alto.

Pero… ¿Cómo alcanzar tus mayores anhelos?

Veamos ahora las **tres etapas** que atravesarás al perseguir tus sueños…

LAS TRES ETAPAS DE LA VIDA...

Para llegar a los objetivos más encumbrados de tu vida, generalmente tendrás que atravesar tres etapas bien distintas, que pueden darse en cualquier área.

La primera etapa que tendrás que atravesar para llegar a tus sueños, se llama "**Sacar agua del Pozo**".

Es el **esfuerzo inicial** que tienes que implementar al principio para generar los **hábitos** que se requieren para crecer.

Es también **vencer** las **primeras dificultades** que se te presentarán en el camino.

Tal vez no sean muchas, pero igualmente alguna se te va a colar en el camino y tendrás que aprender a sortearla.

Es también la **perseverancia** en aquello en que focalizas hasta que tus **hábitos** se vuelvan **ordinarios** y habituales.

Después veremos qué hábitos necesitarás instalar en tu vida para que sea fecunda en esta área que estamos focalizando.

Es una etapa que requerirá de mayores **esfuerzos** personales y de una **disciplina** seria para perseverar.

¡No temas!, que no te asuste la palabra "**disciplina**".

De ella te tienes que enamorar, gustar, y hacerla tuya.

Que cuando la escuches, se derrame miel en tu boca, como cuando escuchas el nombre de la persona que amas.

Ella será una amiga súper fiel que te ayudará a alcanzar todo lo que te propongas.

Pero sabemos que no es fácil tenerla como amiga, por eso, hay personas que **abandonan** la tarea antes de alcanzar el máximo de esta etapa.

Muchos son tan **inestables** que no pueden perseverar ni siquiera en aquello que anhelan.

Otros **no saben** qué quieren, por eso tampoco desarrollan hábitos que los acerquen a sus deseos.

Otros intentan desarrollar hábitos que contrariamente a lo que desean los llevan en ¡¡¡dirección contraria!!!

¿Puedes creerlo?

Estar en medio del Pacífico, con deseos de alcanzar California, pero remo y pongo velas para ¡¡¡Japón!!!

¡¡¡Uyyy querido amigo, hay veces que somos así de complicados!!!

Otros quieren reinventar la rueda y desarrollan hábitos que no **son fructuosos** para nadie ni los acercan a sus mayores anhelos.

Es como estar en el medio del Pacífico remando en círculos, sin alcanzar ningún puerto.

Las empresas están plagadas de estos hábitos o rituales que no sirven para nada.

Algún jefe, tal vez, propuso una idea ridícula y ahora todos los empleados tienen que cumplirla a raja tabla porque está en el "reglamento".

Decinos si alguna vez te preguntaste por qué en Argentina en pleno enero, ¡con doscientos grados de calor!, los empleados bancarios tienen que ir al trabajo con ¡¡¡camisa y corbata!!!.

¿Te das cuenta? a veces la cultura te propone ¡¡¡estupideces!!!

Si llegas a visitar Hawaii alguna vez, verás que allí los empleados bancarios van a trabajar con la famosa camisa hawaiana y con short.

Hay veces que seguimos como ovejas a quienes nos esclavizan o nos proponen tonterías.

Por nuestro lado, si vamos a ser "oveja", preferimos seguir a aquel Pastor que nos conduce hacia la ¡¡¡libertad!!!

Nos preguntamos si tienes algún modelo para cada área o estás como oveja sin pastor...

Pero sigamos adelante...

En esta primera etapa de "sacar agua del pozo" es necesario **insertar** en tu vida hábitos virtuosos y fructíferos, que te acerquen a tus ideales y anhelos.

Y también es sumamente necesario desarrollar una **disciplina** férrea que te sea de **soporte** para caminar hasta la meta.

Aquí los **inestables** y **rebeldes** generalmente dejan y abandonan el ejercicio, aun sabiendo que con ello **asesinan** sus mayores anhelos.

Son esos "rebeldes" que quieren Ir solos a cualquier lado por más que se estén acercando a un ¡¡¡precipicio!!!

La segunda etapa se llama "**construcción de canaletas**":

Es una etapa en donde no se requiere de grandes esfuerzos sino de la **inteligencia y pericia** de un **arquitecto** para diseñar y construir un formato de vida en donde avances hacia tus ideales de manera más cómoda e inteligente.

Por eso, en esta etapa, es imprescindible contar con un conocimiento más **sofisticado** sobre las últimas técnicas de desarrollo de cada área, y es desde allí en donde juegan un papel importantísimo tus **referentes** o mentores.

Porque de tal maestro así será el discípulo.

En esta etapa no te servirá tanto el "**esfuerzo**" sino el "**conocimiento**" y la "**docilidad**" para dejarte llevar por los modelos que te enseñarán las estrategias que en ellos dieron fruto.

Tendrás que aprender sobre los hábitos, creencias y sentimientos de esos referentes para poder tomar aquellas virtudes y obtener así los mismos resultados.

Es indispensable entonces que cuentes con verdaderos **referentes** y modelos de cada área, que sean testimonio de aquello que quieres alcanzar, y luego será necesario que construyas las canaletas que hagan correr el agua sin tanto esfuerzo.

En la tapa anterior había que sacar agua del pozo, es decir con mucho esfuerzo.

En esta etapa el esfuerzo está en construir canaletas para que luego el agua corra sola sin que vos estés allí.

De nada te servirá por ejemplo ir a preguntarle a tu mejor amigo, que va por el séptimo divorcio, que te aconseje sobre ¡¡¡cómo mejorar en la pareja!!!

Necesitarás, en ese caso, personas que sean testimonio de vida para que te aconsejen cómo construir canaletas comunicacionales con tu pareja.

Hay veces que recurrimos a personas cercanas o conocidas para solicitarles consejos en aquello que no son testimonio.

Y lo peor es que siempre hay algún quebrado que tiene opiniones fantásticas sobre economía personal y mundial.

Siempre hay algún conocido totalmente inestable emocionalmente que te quiere dar consejos sobre tu vida afectiva.

Todos ellos seguirán siendo tus amigos y los seguirás queriendo mucho, pero ahora, al menos, la idea es aprender a no prestar tu oído a los que te quieren aconsejar sobre aquello que no son testimonio.

Tendrás que estar más atento para comenzar a buscar los modelos que realmente viven aquello que vos quieras alcanzar.

La tercera etapa se llama **lluvia** o **fecundidad**.

Es una etapa en donde lograrás alcanzar tus objetivos, anhelos y sueños.

Te transformarás así en "**modelo**" o referente para **otros**.

Es la etapa en donde se vive aquello que se predica, y la coherencia es tal que la **fecundidad** supera las expectativas de aquel mismo que alcanzó la etapa.

Se **engendran obras** que van más allá de la propia capacidad humana.

Si bien a nuestro alrededor son pocos los que han alcanzado tamaña altura, el llamado es **para todos**.

Por eso querido camarada está en vos disponerte a hacer todo lo necesario para avanzar en cada área de tu vida hasta los ideales máximos, allí donde pocos se atreven a soñar.

Nuestra propuesta es entonces alcanzarte en los próximos capítulos una serie de ejercicios que te permitan comenzar a desarrollar todo lo necesario para avanzar.

Está en vos mantener una "DETERMINADA DETERMINACION" que te permita sostener y lanzarte sobre todo aquello que te propongas.

Cada capítulo avanzará un poco más sobre las tres etapas.

En ellos habrá ejercicios que te permitan conocerte más y crecer secundando todo lo maravilloso que hay en ti.

Esos ejercicios también te ayudarán a erradicar todas las alimañas de tu interior que no te permiten alcanzar tu máximo potencial.

Estas páginas han sido la introducción al libro.

En las siguientes páginas te introducirás en la etapa de sacar agua del pozo en la vida efectiva y también en lo vincular.

Pero antes de despedirnos para encontrarnos en las próximas páginas, queremos desafiarte con un ejercicio que te predisponga para lo próximo que vayas a leer.

¿Cómo te sentís cuando te proponernos ideales tan altos para tu vida?

¿Qué es lo que pasa por tu interior cuando comienzan a despertarse en vos anhelos que tal vez estaban dormidos?

¿Cómo te sientes cuándo alguien te cuenta que hay ideales que merecen perseguirse en la vida y que estás llamado a vivir en plenitud, no sólo en un área, sino también en lo espiritual, en lo afectivo, en lo vincular, en lo económico, en lo vocacional, en el estilo de vida, en la calidad de vida, en la alegría y en la pasión del disfrute?

¿Cómo está tu sistema de creencias?

¿Permite tu sistema de creencias actual la posibilidad de comenzar a construir un mundo nuevo en el cual vos seas el protagonista de tu destino de plenitud al cual estas llamado a vivir con pasión?

¿Hay lugar en tu presente para soñar con construir relaciones íntimas y fecundas, una espiritualidad que te haga desarrollar alas de águila, una economía personal que te permita alcanzar tus anhelos y sea fecunda en la generación de oportunidades para otros, un estilo de vida que te permita lograr tu máximo potencial y niveles impensados de disfrute?

Te alentamos a que utilices tu cuaderno personal.

Allí podrás ir registrando los ejercicios que te iremos proponiendo a lo largo del taller en los diferentes capítulos.

Ese cuaderno será una bitácora, como la que llevan los capitanes de los barcos, para registrar el curso de tu navegación, y así arribar sin dificultades al puerto que quieres.

Iremos bien alto amigo, ¡¡¡prepárate para despegar!!!

Permítenos conducirte hasta tus propios anhelos.

IN TOUCH... (EN CONTACTO)

Es indispensable que sepas **qué quieres** en cada área de tu vida y no sólo en alguna de ellas.

El crecimiento será desparejo si no focalizas en las diferentes áreas.

Imagínate que creces en la forma en que tienes de relacionarte con los demás, pero tu economía personal se dirige hacia la quiebra.

Imagínate que escalas las alturas de la mística espiritual pero tu estilo de vida refleja grandes esclavitudes.

Imagínate que das pasos enormes en el área del disfrute en tu vida pero tu trabajo no tiene nada que ver con tu vocación.

Cada uno de estos ejemplos te marca las incoherencias en las cuales muchas veces caemos al no focalizar en todas las áreas a la vez.

Por eso lo importante es dar pasos en todas al mismo tiempo.

Frecuentemente al crecer en un aspecto también estarás dando pasos en los otros aspectos.

Frecuentemente crecer en un área te sirve para notar que puedes avanzar, y esa confianza luego te alienta para dar pasos en las otras.

Si bien en este libro te meterás de lleno en el área de la afectividad, de tus emociones, de tus sentimientos, de los diferentes estados de ánimo, y también en la región de tus relaciones sociales más frecuentes, dentro de los ambientes familiares o laborales, tienes otros libros o audiolibros que te ayudarán a dar pasos en las otras áreas.

Por eso desde ahora mismo ya puedes comenzar a comunicarte con nosotros a través de nuestro mail para contactarnos, contarnos tus experiencias o averiguar sobre otros libros o audiolibros.

Nuestro mail es el siguiente:

toioines2@yahoo.com.ar

Ahora te proponemos releer alguna parte de estas páginas previas en las cuales te hayan quedado ejercicios o temas por profundizar, y luego nos volvemos a encontrar…

¡¡¡Prepárate para ser feliz y vivir la vida en su máxima plenitud!!!

SACAR AGUA DEL POZO

Ahora nos **zambulliremos** dentro del área Afectivo Vincular pero en la primera gran etapa del proceso de crecimiento.

Fuiste observando, en la primera parte del libro, que para avanzar era necesario notar que en la vida hay **diferentes áreas**, y cada una de ellas requiere que le prestes atención para crecer armónicamente.

También te recalcamos que es importante tener un **espacio íntimo** para que puedas ir conociéndote a vos mismo, de manera de vislumbrar con mayor claridad tu potencial.

Por otro lado también señalamos que es muy significativo que puedas tener **ideales en cada área** que te permitan levantar vuelo y salir de una posible mediocridad.

Y también te propusimos ideales bien ambiciosos para ésta área, los cuales son:

En lo afectivo: la **paz inalterable** y la **alegría**.

En lo vincular: la **armonía** y la **fecundidad**.

Son muy altos, y lo sabemos, pero permítenos compartirte que son **deseables** y **alcanzables**.

Pero ahora veamos de donde partimos en el área vincular...

Habrás notado que este no es un libro para leer sino un "taller" para trabajar y producir resultados en tu vida.

Por eso ahora pongamos manos a la obra y trabajemos juntos en esta área en particular.

Lo primero que deberás hacer para avanzar en ésta área tan importante de tu vida es saber desde dónde partes.

Es decir que necesitarás evaluar cómo estas actualmente en ésta área.

Ejercicio...

Como **primer ejercicio** para poder observar y evaluar cómo te relacionas con las personas de tu entorno, te proponemos que anotes en tu cuaderno personal cuáles son las **personas más importantes** en tu vida

En esta lista no debería faltar ninguna persona que para vos sea importante.

Realiza una lista bien completa, pero...

En este listado no tienen que estar sólo las personas que te "caen bien", sino todas las que tienen **importancia** en tu vida.

Por ejemplo tal vez tengas un jefe al que detestas en tu trabajo, y la relación con él está sumamente deteriorada.

Aunque te lleves mal con él igualmente es una persona importante para tu vida porque con él estás todos los días, ¡¡¡tal vez más que con tu propia familia!!!

Otro ejemplo muy común es un ex esposo o ex esposa, con quien tal vez no tienes un vínculo "aceitado" pero que compartes la paternidad y crianza de algunos de tus hijos.

¡¿Quién quiere poner a su ex pareja como "importante" para su vida?!

Seguramente que tendrás **resistencias** para colocar allí en tu lista a estas personas que no te agradan o con las cuales quieres mantener mayor distancia.

Pero lo cierto es que ésta lista no es la enumeración de "**personas agradables**" de tu vida.

Si quieres después puedes hacer una lista de "personas que quieres mucho", pero por ahora sólo te proponemos realizar un listado de personas importantes, es decir de personas con quienes te relaciones cotidianamente aunque no te gusten, o quienes tienen un gran nivel de influencia sobre tu vida.

Intuimos que seguramente te estarás preguntando si tu "suegra" deberá pertenecer al círculo de esta famosa lista.

Si vives en Marte la puedes excluir, pero aquí en la Tierra seguramente tu suegra es una de las personas más influyentes sobre tu vida a través de tu pareja.

¡¡¡ ¿O nos equivocamos al afirmar esto?!!!

Fuera de broma, hay personas muy influyentes sobre nuestra vida: jefes, autoridades comunitarias, parientes políticos, familiares cercanos, autoridades o referentes religiosos, y otras.

Estas personas deberían estar en tu lista más allá de que sean o no de tu agrado.

Por eso esta lista seguramente que será extensa.

A continuación te damos algunas sugerencias...

Dios.

Personas de la familia cercana. Pareja, hijos, padres, hermanos, abuelos...

Personas de la familia ampliada y parientes políticos. Primos, tíos, sobrinos, suegros, cuñados, yernos, nueras...

Compañeros del trabajo o del ámbito laboral.

Amigos.

Integrantes de los ambientes sociales que sueles frecuentar como clubes, comunidades religiosas, parroquias, instituciones o grupos vecinales.

Personas con las que tienes contacto dentro de los círculos empresariales o políticos.

Realiza tu lista ahora sin importar por el momento el nivel de importancia que tiene cada uno. Ese será el siguiente paso.

Entonces prepara tu lista y luego nos volvemos a encontrar...

¡Bienvenido nuevamente!

Allí tienes una lista de las personas más importantes de tu vida.

¡Felicitaciones por haber dado este paso!

El siguiente paso es un poquito más complicado.

Ahora que tienes una lista, intenta colocarle a cada persona un **nivel de importancia** o de influencia para tu vida.

Por ejemplo si en tu lista hay 20 personas, colócale a cada persona su nivel de jerarquía respecto de la importancia que tienen para vos.

Tal vez te suceda que tienes 5 hijos, entonces te preguntarás ¿a cuál coloco en primer término?

No te preocupes, todos ellos pueden compartir un mismo lugar en tu lista.

Tampoco es necesario que intentes discriminar si tu pareja deberá estar por debajo o por arriba de tus hijos.

Lo importante es discernir cuáles son las personas que ocupan esos primeros puestos y cuáles están en lugares secundarios.

Veamos el ejemplo de una lista:

1. Sebastián (esposo)

2. Juan (hijo)

2. Agustina (hija)

4. Lucrecia (madre)

En esta lista puedes observar como los dos hijos ocupan el segundo lugar y después se sigue con el cuarto lugar.

Sabemos que no te será fácil colocar un nivel de importancia, sobre todo cuando hay personas que todas ellas son sumamente importantes para tu vida, pero por favor realiza el ejercicio como te salga.

Luego puedes volver sobre tu lista y cambiar el orden.

Intenta realizar el ejercicio ahora y luego nos volvemos a encontrar.

¡¡¡Bienvenido nuevamente!!!

Notarás que allí están todas las personas más importantes en tu vida.

Pero ahora te vamos a dar una confidencia que puede cambiar tu vida para ¡siempre!

Cada una de esas personas necesita un
espacio particular contigo para que el vínculo
entre ambos crezca y se enriquezca.

No hay vínculo sano si no se le dedica cierto **tiempo** para nutrirlo.

Por eso es indispensable que entiendas que por lo menos aquellas personas que se encuentran en los primeros puestos de tu lista, necesitan de un espacio particular e íntimo contigo.

Repetimos: un **espacio particular**, es decir ¡¡¡no **grupal**!!!

Luego verás que el espacio de tiempo es el primer paso para crecer en la relación, pero no es todo lo que necesitarás para que ese vínculo sea fecundo.

Luego te daremos algunas ideas para saber qué hacer durante ese espacio para que tus relaciones se mantengan y crezcan...

El árbol de las relaciones...

Para nosotros los vínculos son algo así como una **rama de un árbol** por donde corre la **savia**.

Cuanto más sana está la rama más correrá la savia hacia los frutos que se manifestarán a su debido tiempo.

Por eso es muy importante que luego sepas mantener la salud en las relaciones para que no se deterioren.

La savia corre en la rama con cierta velocidad y frecuencia para llegar hasta el fruto.

Si la savia no corre adecuadamente, por diferentes dificultades o motivos, entonces nunca llegará a producir los frutos que anhelas.

Hay personas que **esperan sentados** ver los frutos al final de la rama, pero no notan que la rama tiene obstáculos que no permiten que la savia corra libremente.

Otros al ver que la rama no da frutos, ¡¡¡la **cortan**!!!

Otras personas **sufren muchísimo** porque las ramas más importantes de sus vidas no producen ningún fruto.

Perciben así que sus ramas más gruesas son **estériles**.

Entonces ¿cómo hacer para que las ramas den mucho fruto?

COSECHANDO EN ABUNDANCIA...

Cada relación requiere de cierta **frecuencia** de
encuentros para conservarse saludable.

De nada te serviría decirle a alguien que quieres mucho: "sos muy
importante para mi vida", pero luego nunca te encuentras con esa
persona para crecer en la relación.

Ese vínculo quedaría sólo en lo **imaginario**.

Si bien hay amistades que se pueden encontrar con escasa frecuencia
a lo largo de la vida y continuar conservando el título de "amigo o
amiga", lo cierto es que muchas veces esas amistades quedan sólo
en los títulos porque al no juntarse más seguido el vínculo no crece.

Frecuentemente se terminan juntando cada muchos años para
recordar los tiempos en donde sí hubo una frecuencia más acorde
al título de amistad.

Lo importante aquí es distinguir que si bien en algún tiempo esa
persona ocupó un lugar importante en tu lista, tal vez ahora esté en
una posición diferente.

Los que queremos destacar hoy son aquellos con los que mantienes
relaciones frecuentes y que influyen de manera concreta a diario.

Seguramente que con el ejercicio notarás que la vida te coloca
en situaciones en la cual te das cuenta que a alguien que es muy
importante para vos no lo visitas con la **frecuencia adecuada**
sino que ha quedado de lado por cuestiones urgentes o por otros
motivos menos importantes.

Durante este taller probablemente podrás remediar esta incoherencia.

Pero volvamos a tu lista. Allí tienes a las personas más importantes y el nivel jerárquico que ocupan en tu vida.

Ahora haremos una planilla mucho más completa que te permitirá evaluar con mayor profundidad cómo está la relación con cada persona en particular.

Prepara una hoja en blanco con **6 columnas** verticales y con la cantidad de renglones horizontales necesarios para que cada persona ocupe un renglón particular.

En la primera columna vuelca el nombre de cada persona en un renglón aparte, según el orden de importancia.

Recuerda que lo importante no es saber quién está primero o segundo, sino poder observar quiénes son aquellos que ocupan los primeros puestos para luego aprender a discernir qué hacer en el vínculo con ellos.

	1	2	3	4	5	6
Carolina						
Juan						
Josefina						
Florencia						

Construye esa planilla de seis columnas y muchos renglones y luego nos volvemos a encontrar...

¡Bienvenido nuevamente!

Ahora es tiempo de dedicarle un momento para colocarle a cada vínculo la **frecuencia** e **intensidad** actual en que te encuentras particularmente con cada persona.

¿Frecuencia?

Por **frecuencia** se entiende a la **cantidad de veces por día** o por semana o por mes o por año que te encuentras con esa persona.

¿Intensidad?

Por **intensidad** se entiende a la cantidad de minutos u horas que le dedicas aproximadamente a cada uno de esos encuentros.

Escribe primero la frecuencia y luego la intensidad en la cual te encuentras con cada persona.

Se entiende que esa frecuencia e intensidad deberá surgir del encuentro **particular** con cada persona de la lista.

No sirve para este ejercicio que si tienes 3 hijos y estas con ellos durante tres horas por la tarde, coloques en tu lista de cada uno: "3 horas todas las tarde".

La idea aquí es volcar el encuentro individual con cada uno de ellos.

Por ejemplo en la lista de Toio...

En mi lista aparece mi esposa Inés dentro de los primeros puestos.

Con ella salimos solos cada 15 días, sin nuestros hijos, para nutrir nuestra relación de manera más íntima y así poder charlar de nuestras cosas.

Ese encuentro dura aproximadamente dos horas.

Entonces en mi lista pondré: Inés, luego en la siguiente columna de **"Frecuencia"** colocaré: cada 15 días, y en la columna siguiente de **"Intensidad"** pondré: dos horas.

Nombre	Frecuencia	Intensidad	4	5	6
Inés	C/ 15 días	2 horas			

Más a la derecha tendrás todavía tres columnas que permanecerán vacías por el momento.

Con cada uno de mis hijos he decidido salir para charlar una vez por mes.

Es el tiempo que disfruta cada uno de ellos para estar con su padre a solas.

Es increíble lo que ha hecho este ejercicio en nuestra familia.

Ellos y yo vivimos con una intensidad inmensa cada una de esas salidas.

La salida con los varones se llama: "Salida de hombre a hombre".

Durante ese tiempo ellos me cuentas sus cosas cotidianas sobre la escuela, los amigos, intereses de sus edades, etc.

Actualmente Jerónimo tiene 8 años y Joaquín 6 años.

Con Victoria de 4 años charlamos sobre el Jardín de Infantes, danzas, deportes, vacaciones, etc.

Cada uno de ellos, cuida su espacio con su padre, y cuando les digo de volver a casa después de un par de horas, me dicen: "¿nos podemos quedar un poquito más?"

Para ellos es un espacio único y esperado. Creemos que se acordarán toda su vida las vivencias de estar a solas con su padre.

Inés también implementó un espacio semejante.

Se llama: **"El sillón del diálogo"**.

Allí voy con mis hijos a charlar cotidianamente, para compartir a solas con cada uno sobre sus cuestiones particulares.

Es un espacio hermoso de diálogo. Podemos hablar sobre situaciones que nos causaron alegría y gozo o también de cuestiones que nos causaron enojos.

Hemos notado que al compartir esta experiencia en diferentes Talleres, muchos padres se decidieron a comenzar con estos espacios y les han dado unos frutos increíbles en la relación con sus seres queridos.

Tal vez sea el momento para comenzar vos también a implementar algo de esto.

Créenos que con esta simple idea, llevada a la práctica, tu vida vincular puede cambiar para ¡siempre!

Sigamos adelante...

Entonces la lista de Toio ha quedado así...

Nombre	Frecuencia	Intensidad	4	5	6
Inés	C/ 15 días	2 horas			
Jerónimo	1 x mes	2 horas			
Joaquín	1 x mes	2 horas			
Victoria	1 x mes	2 horas			

Una **dificultad** con la cual te podrías llegar a topar al realizar este ejercicio es que para muchas personas hay vínculos muy importantes con personas que se encuentran a gran distancia.

Por ejemplo en Argentina es común que algunos padres tengan a sus hijos estudiando o trabajando en el exterior.

Para otros hay parientes o amigos viviendo en alguna provincia lejana.

Entonces posiblemente la frecuencia y la intensidad de los encuentros se supone que serán muy pobres al lado del nivel de jerarquía que representa esa relación.

Aquí deberás colocar entonces los momentos en que hablas por teléfono o por Internet en un espacio íntimo con esa persona en particular.

Tómate todo el tiempo que sea necesario para realizar este ejercicio.

Acuérdate que este libro intenta proponerte acciones específicas para mejorar tu vida, es decir que no es un espacio sólo par que leas frases lindas y motivadoras, sino para que ¡¡¡trabajes!!! en tu interior para producir grandes cambios que te lleven hacia la felicidad más plena.

Por eso detente por unos minutos y cuando finalices el ejercicio nos encontraremos nuevamente...

¡¡¡ Bienvenido nuevamente !!!

¿Cómo te fue con el desarrollo del ejercicio?

Comenzarás a notar que tienes una lista con las personas más importantes de tu vida y en algunas, ya te habrás dado cuenta, se presentan incoherencias porque no mantienes una frecuencia y una intensidad adecuada con el nivel de importancia que tiene esa persona para vos.

¡¡¡Nos suele pasar frecuentemente que mantenemos más intensidad y frecuencia de encuentros con personas que ocupan el décimo lugar en nuestra lista que con aquellas que están en los primeros puestos!!!

Otras veces se puede notar que con algunas personas tenemos una frecuencia e intensidad **sobrevaluada**.

Es decir que le dedicamos más tiempo que el necesario para que esa relación esté saludable.

Hay personas que pueden llegar a ser un poco "**posesivas**" y **absorbentes,** reclaman así constantemente de nuestra presencia.

Si no sabemos cuánto tiempo dedicarles puede pasar que nos pasemos de largo.

Otras veces hay personas que son muy importantes para nosotros pero cómo **no reclaman** entonces no les dedicamos el tiempo que quisiéramos.

Aquí pareciera hacerse realidad la siguiente frase: "el que no llora no mama".

Pero estas fueron algunas de nuestras impresiones cuando realizamos la lista.

Ahora es tiempo que vos mismo vuelques en tu cuaderno lo que notaste hasta el momento al hacer tu lista.

Detente por unos minutos para escribir qué es lo que ya vas viendo con mayor claridad al hacer el ejercicio y luego continuamos...

Bienvenido nuevamente...

CADA PERSONA EN PARTICULAR...

Cada relación es especial y posiblemente notes que con algunas personas desarrollaste un nivel de comunicación bien rico y fecundo, mientras que con otros la relación está anoréxica o muy deteriorada.

Entonces ahora es tiempo que en la **cuarta columna** evalúes de **cero** a **diez** cómo está tu relación con esa persona.

Cero es cuando la relación está totalmente **dañada**, y **diez** es cuando se encuentra en su **máximo** esplendor.

Aquí va un ejemplo clásico...

Nombre	Frecuencia	Intensidad	Evaluación	5	6
Patricio (esposo)	C/ 15 días	2 horas	8		
Juan (jefe)	diariamente	1 hora	3		
Josefina (madre)	C/semana	2 horas	9		
Florencia (¡suegra!)	1 x mes	3 horas	1		

¡Fijate que en esta lista la relación con el jefe y con la suegra pareciera estar en crisis!

Veamos cómo te va en este ejercicio.

Detente a volcar los datos que puedas y luego nos encontramos nuevamente...

¡¡¡Bienvenido!!!

Ahora verás que en tu lista no sólo están todas las personas más importantes para tu vida, sino que también allí está plasmada la frecuencia, la intensidad, y el nivel de salud vincular que mantienes con cada una de ellas.

Luego veremos cómo se puede llegar a intentar mejorar los vínculos que requieren renovarse o salirse de la mediocridad.

Pero ahora la siguiente parte del ejercicio consiste en colocarle la **frecuencia** y la **intensidad** que te parece sería la adecuada o **ideal** para cada vínculo.

Es decir que necesitas **discernir**, con cada persona en particular, cuál sería la cantidad de encuentros individuales que será conveniente mantener para tener una relación bien nutrida y rica, y qué tiempo dedicarle a cada uno de esos encuentros.

Veamos el siguiente ejemplo.

Trata de observar que hay diferencias entre la frecuencia e intensidad "**actual**" (de las columnas 2 y 3) y la frecuencia e intensidad "**ideal**" (de las columnas 5 y 6).

Nombre	Frecuencia (actual)	Intensidad (actual)	Evaluación	Frecuencia (ideal)	Intensidad (ideal)
Patricio (esposo)	C/ 15 días	2 horas	8	semanalmente	1 hora
Juan (jefe)	diariamente	1 hora	3	diariamente	30 minutos
Josefina (madre)	C/semana	2 horas	9	C/ 15 días	2 horas
Florencia (¡suegra!)	1 x mes	3 horas	1	1 x mes	3 horas

¡¡¡Ojo con este ejercicio!!!

Aquí hay **madres posesivas** que quieren mantener un vínculo cercano con su hija de cuarenta años, ¡¡¡ tres veces por día y cuatro horas cada vez!!!

Por eso para poder realizar este ejercicio con madurez habrá que crecer en el aspecto afectivo.

Este tema del crecimiento en lo afectivo lo tocaremos más adelante en los siguientes capítulos.

Por ejemplo, la frecuencia e intensidad que llevamos adelante, en nuestros encuentros como esposos, los pusimos luego de haber notado que salíamos solos, sin los chicos, cada dos o tres meses.

Y muchas veces esas salidas eran con amigos.

Por eso necesitábamos de un espacio propio de la pareja, y nos pareció oportuno que sea cada quince días y de dos horas de duración.

Generalmente salimos a comer afuera a un lugar que nos gusta a los dos y allí podemos entablar conversaciones fecundas.

Con el tiempo puedes evaluar si la frecuencia o la intensidad es la adecuada o necesitas "**reajustes**".

¿Distanciándote de "algunos"…?

Tal vez te pueda suceder que con las personas que mantienes un vínculo **deteriorado** quieras distanciar aún más la frecuencia.

Aquí en la planilla pusimos el ejemplo típico del caso de la ¡¡¡suegra!!!

¡En nuestro caso, gracias a Dios, tenemos dos suegras de lujo!

Aprovechamos para agradecer a **Isabel Wachowics** y a **Titi Saralegui** por tanto amor que nos brindan, por su apoyo, y por todo lo que han hecho para que nuestras vidas sean tan fecundas como son en la actualidad.

Si tu suegra es una persona importante por su influencia en tu vida, pero no te llevas muy bien con ella, tal vez tengas que crecer en la forma de relacionarte con esa persona, sin cambiar por el momento la frecuencia de los encuentros.

Ahora te invitamos a que coloques en tu lista esa frecuencia e intensidad que te parece que requiere cada vínculo para crecer o para ser fructífero.

Sabemos que estas cuestiones se deciden de a dos, porque pudiera pasar que uno crea que la frecuencia adecuada, para crecer en el vínculo con la esposa, es salir solos cada quince días, y que ella crea que es mejor salir todos los días.

Por ahora igualmente sólo te pedimos que coloques lo que a vos te parece adecuado. Luego será el momento de discernir lo demás

Entonces detente por unos minutos mientras completas las siguientes dos columnas y luego nos volveremos a encontrar…

Bienvenido nuevamente.

Ahora tienes en tu lista la **distancia** entre tu vida **actual** y los **ideales** que persigues.

Al mismo tiempo tienes la evaluación de cómo estas actualmente con cada persona de tu lista.

Es tiempo ahora de poner manos a la obra para que en tu **agenda diaria** comiences a volcar el tiempo que sea necesario para cada vínculo en particular.

Te invitamos primero a que te dediques a los vínculos más importantes de tu lista, esos que ocupan los primeros lugares, porque sin esos vínculos tu vida se percibiría como pobre o **vacía**.

En el área espiritual abordamos también el tema de la **agenda** como un instrumento fundamental para crecer en la vida.

Lo que no está en la agenda cotidiana no existe.

Por eso en el libro o audiolibro que hace referencia a esa área de la intimidad y de la espiritualidad podrás encontrar un ejercicio concreto para desarrollar una agenda prolija que refleje de manera clara y concreta tus anhelos y tus prioridades.

Entonces, recapitulando, aquel vínculo que no se presenta en tu agenda con la frecuencia e intensidad adecuada en tu vida cotidiana, seguramente que se deteriorará o se **vaciará** de sentido.

Hay amistades que se juntan pocas veces al año, y como no tienen espacios para compartir lo que fueron creciendo durante el año, sólo se reúnen y recuerdan situaciones vividas en tiempos pasados.

Para que esa amistad crezca deberá contar con espacios más cotidianos de comunicación de manera de ir agiornando el vínculo.

Tal vez notes que hay parientes, amigos, o relaciones sociales que deberán contar con un tiempo propio en tu agenda.

No basta con que pienses en ellos de vez en cuando, sino que tendrás que buscar la forma de ir insertando en tu vida ordinaria un tiempo para cada persona.

Hay personas que quieren crecer en el **aspecto espiritual** y en su relación con **Dios**, pero no le dedican a este vínculo con su Creador el tiempo necesario.

Tal ideal de crecimiento caerá seguramente en una **mediocridad** o en un estancamiento por no tener coherencia entre las ganas de crecer y el tiempo que se le dedica al vínculo que queremos llevar a un siguiente nivel.

¿Se entiende?

La persona que quiera crecer en el **vínculo con Dios** tendrá que intentar dedicarle algunos minutos diarios o semanales para crecer en intimidad y en conocimiento del Otro, en este caso de Dios.

Por eso decide ahora mismo a qué vínculos te dedicarás esta semana para comenzar a dar pasos de crecimiento.

Anota en tu diario a quien llamarás o visitarás y qué tiempo le dedicarás.

Acuérdate que te hablamos de las ideas "**impulso**", es decir de aquellas ideas que te empujan a tomar acciones concretas para avanzar en tu vida.

Ahora es el tiempo de comenzar a llevar esas ideas a la práctica concreta.

Tu vida cambiará en la medida que comiences con nuevas acciones o que fortalezcas las que ya venías realizando y te dieron frutos en el pasado.

Por eso anota en tu cuaderno los nombres de las personas a las cuales llamarás o visitarás esta semana.

Y luego de realizar el ejercicio nos volveremos a encontrar para diagramar algunas estrategias de crecimiento en las relaciones vinculares…

¿Meteorología...?

¡¡¡Bienvenido nuevamente!!!

Ahora nos dedicaremos al ¡¡¡**Clima**!!!

¡Si leíste bien!

Para desarrollar buenos vínculos primero tendrás que aprender a percibir los climas que mantienes con cada persona de tu lista.

Es decir que tendrás que notar cómo se desarrollan tus encuentros con cada uno y qué clima generas.

En esta parte es fundamental que intentes percibir ese clima, porque sobre él tendrás una responsabilidad enorme.

Puedes colaborar para que haya un clima de ansiedad o de paz en un vínculo.

Puedes colaborar para que haya un clima de alegría o de preocupación en una relación.

Puedes colaborar para que haya un clima de respeto o de ira en el ambiente con una persona.

Puedes colaborar para que haya un clima de miedo o de confianza con alguien en particular.

Puedes colaborar para que haya un clima de claridad y certeza o de oscuridad y duda en un la familiaridad con alguien.

Tu participación puede **aumentar** o **disminuir** la **temperatura**, y por eso seguramente que tendrás muchísima responsabilidad en lo que ocurre con cada persona.

Muchas personas depositan en la otra persona la responsabilidad sobre el clima.

No pueden darse cuenta de la participación personal en la formación de un clima sombrío.

Es más fácil echar **culpas** a otros que ver y notar nuestra participación en climas enrarecidos.

Por eso es indispensable que puedas percibir qué haces vos en cada vínculo en particular para generar climas **fecundos** o para generar climas **estériles** o áridos.

El cambio comienza por "casa"...

Para cambiar un vínculo sólo se necesita que cambie una de las dos personas.

En este caso ¡¡¡**vos** mismo!!!

¿Quieres probar esta última afirmación?

Si estás en tu casa, con alguien, ahora realiza el siguiente experimento:

Ve a buscar a donde esté a alguna persona dentro de tu casa y cuando estés frente a ella ¡¡¡abrázala bien fuerte y dile lo mucho que la amas!!!

Observarás que algo ha cambiado en un instante...

Tal vez te diga que estas ¡loco o loca!, pero algo ha cambiado igualmente.

Tal vez te rechace, pero algo ha cambiado igualmente en el vínculo entre ambos.

Luego de algunos minutos...

Ve otra vez hacia esa misma persona y sácale la lengua y dile lo ¡¡¡tonta que es!!!

¡¡¡Verás que las cosas cambian nuevamente!!!

Fíjate que sólo vos fuiste quien cambió, pero igualmente la relación fue cambiando a medida que vos cambiabas.

Miremos esta misma idea desde otro ángulo...

Imaginemos que tienes una relación enferma con alguien.

Si por casualidad vos sanás, pueden pasar dos cosas:

1) o sana el vínculo

2) o se rompe

Pero lo cierto es que no volverá a ser el mismo vínculo que antes.

Por eso hoy tienes una maravillosa herramienta para cambiar vínculos, y esa herramienta es tu **propio cambio**.

Por ejemplo para que haya una relación violenta se necesita de una persona que soporte la violencia y que no coloque los límites claramente.

O se necesita de alguien que tenga mucho miedo al otro individuo y por eso se someta a la violencia

Si la persona sometida cambia y coloca límites claros, o deja de temer y busca la ayuda necesaria para enfrentar la situación, seguramente que ese vínculo sanará o se romperá.

Dependerá de la otra persona si se adapta o no al nuevo cambio.

Por eso...

Cambiar y **sanar** significa mantener vínculos
sanos y **fecundos**.

Si estas **afectivamente enfermo** seguramente
que tendrás **vínculos enfermos**.

Para crecer en la generación de buenos climas vinculares deberás estar medianamente sano afectivamente.

Permítenos invitarte a releer estas ideas algunas veces y a realizar los ejercicios que te proponemos.

Nos encontramos en el siguiente capítulo, ¿te parece?

Mientras tanto...

¡¡¡Viví la vida con plenitud!!!!

Sacar agua del pozo (segunda parte)

¡Hola! ¡Bienvenido nuevamente!

En este capítulo trabajaremos sobre algunas ideas que te ayudarán a poner en práctica ejercicios para mejorar tus **vínculos cotidianos**.

Primero veamos que entre dos personas hay un vínculo que va más allá de las personalidades de ambos.

Hay ciertas creencias o actitudes que seguramente vienes acarreando desde tu familia de origen sobre:

o los roles de cada miembro de tu familia

o el lugar que ocupa el hombre o la mujer dentro de ese grupo familiar

o la forma de comunicación aprendida que tienen tus más cercanos

o los valores sobre cómo y de qué forma tienes que decir las cosas

o los valores que deberían guiarte sobre la transparencia o la honestidad en tus relaciones

o los valores que tienes sobre la verdad o el ocultamiento de ciertos temas

o los valores que tienes aprendidos sobre cuándo ser prudente y cuando hablar de ciertas cosas

Y así podrían nombrarse un montón de sentimientos, creencias, actitudes o formas de comunicarte, heredadas de tu familia de origen o de tu cultura, que influyen a la hora de establecer vínculos. Si por ejemplo, nacieras en China y tuvieras padres chinos, seguramente que ¡hablarías chino!

A su vez mantendrías innumerables creencias de la cultura china a la hora de establecer cualquier vínculo íntimo, social, o laboral.

Por eso para cambiar cualquier vínculo seguramente primero tendrás que cambiar vos mismos, y eso supone que tendrás que romper frecuentemente con sentimientos, creencias o actitudes heredadas.

A esta ruptura nosotros le llamamos: aprender a "salirse del barrio chino".

Si no logras salirte del barrio chino, siempre seguirás sosteniendo el mismo lenguaje comunicacional.

Para mejorar tendrás que aprender nuevos lenguajes, deberás explorar nuevos sentimientos, nuevas creencias, y seguramente que también deberás cambiar profundamente en tu aspecto volitivo.

¿Qué quiere decir "aspecto volitivo"?, te preguntaras...

¡Estos Inés y Víctor que por momentos utilizan palabras difíciles! (exclamarás alguna vez)

¿Por qué utilizamos algunas veces una palabra un poco complicada?

Es que hay veces que queremos transmitirte la idea de que todo lo que decimos tiene una apoyatura científica muy profunda. Por más que utilicemos un lenguaje sencillo a lo largo del libro, estas ideas están sostenidas sobre años de formación profesional y humana.

Es que todos nosotros queremos que, al aprender algo nuevo, la fuente de ese conocimiento sea confiable y no un simple consejo de alguien bien intencionado.

A su vez, quedará lindo cuando luego le comentes a alguien sobre el libro y le digas:

"Estuve discerniendo sobre mi aspecto volitivo y los climas que genero en las relaciones vinculares…"

La otra persona dirá:

"Guauuuuuuuuuuu…"

Luego de la broma, volvamos a lo nuestro…

"Aspecto volitivo" significa tu conducta, la forma que tienes de decir las cosas, tu forma de proceder.

No tendrás que cambiar todo, porque seguramente que mucha de tu **herencia comunicacional** puede llegar a ser muy positiva.

Pero de cualquier manera tendrás que salirte del barrio chino para saber que hay formas de decir las cosas o creencias que no te permiten mejorar las relaciones o vínculos.

Con estos cambios personales de por medio, seguramente cambiarán también tus relaciones.

Nunca sabrás a ciencia cierta anticipadamente si tus cambios producirán el fruto esperado, porque no somos computadoras que ante tal estímulo reaccionan siempre de la misma manera.

Por eso los cambios suponen siempre cierta **incertidumbre** que pocos se animan a sostener.

Pero allí puede también nacer la frase y actitud tan **enferma** que propone:

"Más vale malo conocido que bueno por conocer".

Sin embargo aquel que se anima a cambiar sabe que necesita solamente cambiar personalmente para modificar los vínculos.

Luego tendrás que continuar modificando sentimientos, creencias y conductas, hasta lograr los frutos buscados.

Piensa por un instante...

Si **creces** personalmente, seguramente tendrás vínculos más fecundos y nutritivos.

En la medida que estés más **inestable** afectivamente o más herido, seguramente que formarás vínculos más enfermos.

Esta idea es bien importante y a veces es muy difícil de digerir.

Las personas frecuentemente depositan la responsabilidad de las dificultades vinculares en la otra persona, y dicen:

"Mira con quien me casé y la indiferencia con que me trata"

"Mira que mal me trata mi hijo"

"Mira cómo me trata mi jefe".

Y estas personas no pueden notar que ellas mismas tienen la **libertad** para **intentar** cambiar esos vínculos, y generar relaciones nuevas.

Esta posibilidad de cambio supone que el vínculo o mejore o se rompa.

Por eso se necesitarán agallas y **heroísmo** para buscar la fecundidad vincular.

El **temor** a la soledad, al rechazo, o a la indiferencia de otros, pueden ser las **esclavitudes** más siniestras que pudieras padecer, porque te empujarán a sostener vínculos enfermos a causa de este temor.

Nuevamente, si no estás afectivamente sano, es probable que caigas en vínculos **tóxicos**.

Ahora veamos que para mejorar algún vínculo primero deberás convertirte en meteorólogo, como decíamos anteriormente.

Es decir que deberás percibir los climas que generas con cada persona de tu lista.

Una vez que percibas el clima y no te convenza lo que estás viviendo, puedes comenzar a introducir cambios para evaluar los frutos que se producen.

Así, con prueba y error, puedes continuar cambiando hasta que algún nuevo equilibrio en la relación sea mejor que el anterior.

TIPS... (IDEAS PARA APLICAR)

Fuiste descubriendo cómo estás en cada relación cercana. También pudiste evaluar el tiempo que le dedicas a cada relación.

También pudiste observar y comenzar a pensar si era suficiente o no el tiempo que le dedicas a cada vínculo.

Comenzaste a darte cuenta de la diferencia entre la frecuencia e intensidad actual y la ideal.

Pudiste ver también que si cambias, cada relación también cambia.

También te contamos que si vos estás sano afectivamente, es más probable que establezcas relaciones saludables.

Entonces ahora llega el tiempo de saber qué hacer una vez que quieras dedicar cierto tiempo a alguien en particular.

Veamos algunos "tips" o consejos, que te ayudarán a relacionarte o comunicarte mejor.

Tip N° 1

Aunque no quieras, siempre te estás comunicando.

Es decir que hagas lo que hagas siempre comunicas cosas.

Esta es una regla que se estudia en psicología sistémica, es decir en la rama de la psicología que estudia las relaciones vinculares y la comunicación humana.

Así te quedes en **silencio**, tu silencio comunica una actitud.

Si respondes de una u otra forma siempre producirás **resultados comunicacionales**.

Lo que deberás evaluar es si esos resultados son los que buscas o no.

Frecuentemente defendemos formas de comunicar las cosas bajo la justificación y creencia de que: ¡¡¡"yo soy así"!!!

Tal vez los frutos que tenemos por "**ser así**", son pésimos, pero igualmente sostenemos la actitud pensando que así nuestra personalidad se fortalece.

La fortaleza de una personalidad está dada por su **plasticidad** y no por su obsecuencia para sostener actitudes que no dan frutos positivos, o peor, que dan resultados bien negativos.

Ya que sabes que cualquier cosa que hagas igualmente te estarás comunicando, y como resultado de esa comunicación algún fruto obtendrás, entonces deberás saber discernir los **frutos** para evaluar la forma en que te comunicas con otros.

La lógica muchas veces aquí sirve de poco.

Fíjate que muchas veces, tal vez, estás defendiendo actitudes que no te dan ningún fruto positivo.

Sin ofenderte, ¡**aprende a cambiar!**

Te damos un ejemplo clásico.

Las personas generalmente recurren a marcar los defectos del que tienen cerca con la esperanza de que esa persona cambie.

Pero los que estudiamos la conducta humana sabemos que esta estrategia está llamada a **fracasar** desde el inicio, porque la persona que se siente criticada generalmente desarrolla justificaciones lógicas para sostener sus conductas actuales como forma de **autodefensa.**

Al marcarle los errores y defectos a alguien cercano, generalmente lo herimos, y esta herida no le permite ver qué puede hacer para cambiar.

Es decir que marcar los defectos a la otra persona es una **pésima estrategia** de cambio.

¡¡¡Sin embargo muchísimas veces sostenemos esta táctica!!!

Por eso, si bien la idea de marcar los defectos pareciera lógica, esa lógica, entre comillas, nos conduce al fracaso vincular, a deteriorar la relación, o a herir al otro.

Por eso ya que siempre comunicas algo, hagas lo que hagas, entonces deberás estar más atento a lo que comunicas y a la forma que tienes de comunicarte.

Así discernirás por los frutos.

Hagamos un ejercicio.

Observa tu lista de vínculos con personas importantes de tu vida.

Fíjate en la evaluación que has hecho de cada vínculo y detente en alguno de los que necesitan "**retoques para mejorar**".

Escoge alguna de las personas con la que quieres intentar hacer un experimento para mejorar el vínculo.

Ahora bien, marca a esa persona con una **X**.

Esa persona X será tu **conejito de indias** para practicar el siguiente ejercicio.

En los siguientes días, ¡comenzando cuanto antes puedas!, cada vez que te encuentres con esa persona x, márcale alguna virtud que notas en su proceder.

Tal vez te cuesta encontrar alguna virtud en ella, pero eso es sólo fruto de tu gran **ceguera**.

Toda persona siempre es buena en algo, y es mejor que uno mismo en muchísimas áreas.

Por eso esfuérzate en buscar sus **virtudes** e intenta en cada encuentro hacérselas notar.

Fíjate qué frutos produce esta actitud en lo vincular y qué clima generas al proceder así.

No te quedes sólo con la suposición de lo que podría pasar al actuar de esa manera, sino que prueba lo que te proponemos para luego quedarte con aquello que verdaderamente te da resultados.

Luego anota en tu diario los resultados que has obtenido, tanto los positivos, como los negativos.

Sigamos adelante...

Resistencias al cambio...

Frecuentemente las personas comienzan por resistirse al cambio. Es que cambiar significa **incertidumbre**, y la incertidumbre genera **ansiedad**.

También es común sentir **temor** ante lo desconocido.

El temor es un amo **déspota** que intenta sojuzgar a la persona bajo sus imágenes de posibles sufrimientos futuros.

Por eso al intentar cambiar hacia alguna situación más positiva o saludable igualmente te toparás con esos temores.

Deberás saber que tus cambios en un principio se tropezarán con **resistencias internas** propias, y también con resistencias de tu **ambiente** cotidiano.

Un ejemplo clásico es que tal vez la persona que escogiste como tu X, cuando te acerques y le marques una virtud, te responda:

"¿Ahora vienes a endulzarme un poco luego de que hace años que me haces la vida imposible marcándome los defectos?

O tal vez te responda así...

"¿Ahora vienes hablando bien de mí?, ¡¡¡seguramente que querrás pedirme algo!!!

Es que las personas no sólo se resisten al cambio sino que **desconfían** de la solidez de esos cambios.

Por eso para obtener frutos sólidos y duraderos, tendrás que sostener los cambios hasta que se hagan ¡¡¡**habituales** y **creíbles**!!!

Desarrollar nuevo hábitos comunicacionales es bien difícil, pero luego que los instales, ellos te llevarán sin esfuerzos hacia una fecundidad vincular que bien vale la pena toda la energía que pusiste en un principio.

Por eso ahora intenta buscar a tu querida X y diviértete en el intento de modificar el vínculo.

¡¡¡El proceso de cambio debe ser disfrutable!!!

Si tienes a tu X cerca, deja de leer por unos minutos y prueba lo que te proponemos. Luego nos encontramos.

¡¡¡Bienvenido nuevamente!!!

Veamos otra estrategia comunicacional que te puede ayudar para mejorar las relaciones cercanas...

Tip N° 2

Buscar el principio de un círculo es ¡¡¡perder el tiempo!!!

Frecuentemente la forma en que nos comunicamos con las personas de nuestro alrededor no tiene un origen fácil para diagnosticar.

Esa forma que tenemos de llevarnos, buena o mala, se fue gestando a lo largo del tiempo sin saber bien cuándo comenzó.

Cuando tenemos dificultades con alguien, frecuentemente le achacamos el origen de la problemática a esa persona y decimos:

"Soy así con esa persona porque... esa persona me hizo esto o aquello".

Tal vez la otra persona responda de la misma forma y diga:

"Yo te hice esto o aquello porque vos me hiciste esto o aquello".

¡¡¡¿Te das cuenta?!!!

Cada uno coloca la causa de sus males en el otro.

A esta idea en psicología sistémica se le llama: "Errores en la puntuación de la secuencia de actos".

Lo cierto es que la comunicación suele ser **circular**, es decir que no sirve buscar un principio u origen en un círculo.

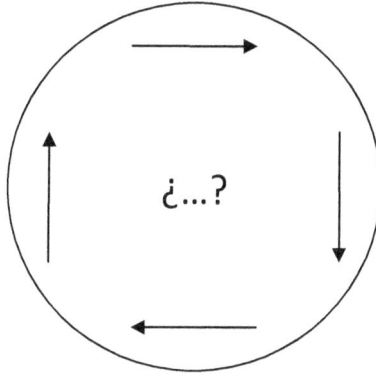

¿Cuándo comenzamos a llevarnos mal?

Lo más importante es comenzar a cambiar vos mismo, y así podrás producir nuevos resultados.

Buscar el origen de los problemas generalmente te distrae del objetivo más importante que es modificar la situación.

Por eso, querido amigo o amiga, busca a tu querida X e intenta vos mismo producir nuevos cambios comunicacionales entre ambos.

¡¡¡Patea el círculo vicioso para engendrar otro círculo pero **virtuoso**!!!

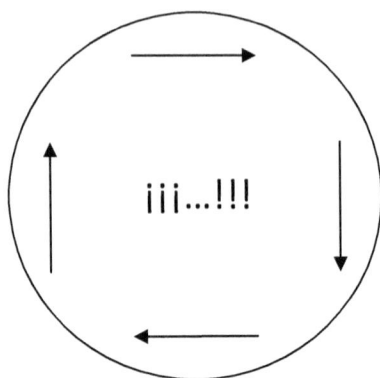

¡¡¡…!!!

¡Quiero comenzar hoy mismo!

¡Dale, animate a conquistar relaciones más sanas y fecundas!

Ahora puedes acercarte a tu X y decirle:

"Mira mi amor, estuvimos cometiendo errores en la puntuación de la secuencia de actos, y nuestra comunicación entró en un círculo patológico…, pero ahora quiero decirte: te amo"

Tu X dirá:

¡Guauuuuuuuu….!

Vayamos entonces ahora a otra idea de este taller que te ayudará a mejorar notablemente tus relaciones más importantes…

Tip N° 3

Cuida más la relación con X que el contenido de lo que le comunicas a esa persona.

Muchas veces nos peleamos con alguien que amamos por el **contenido** de alguna discusión.

Ese contenido termina por deteriorar la relación.

La mayoría de las veces es más importante la **relación** que tenemos con la persona que el **contenido** de aquello que discutimos.

Ojo, no te queremos decir que todo contenido es poco importante en comparación con la relación.

Muchas veces hay cuestiones de valores que suponen una gran diferencia con otra persona, y eso podría generar una distancia con el otro.

Pero de cualquier manera el otro extremo es más frecuente de encontrar, es decir que por tonterías que discutimos a diario terminamos deteriorando la relación.

Por eso cuida y ama más la **relación** que el ¡ganar una discusión!

Es mucho más Importante cuidar el vínculo como a una planta, y nutrirla a diario, que ganar discusiones.

Luego tal vez tengas la oportunidad de hablar de aquello que no acuerdan del todo, en un clima fecundo que les permita discernir una estrategia en conjunto para solucionar sus diferencias.

Un ejemplo clásico es aquel en donde una pareja discute sobre en qué colegio inscribir a sus hijos.

Tal vez tengan diferencias de opinión al respecto, pero la relación entre ellos es armónica y sólida.

Saben que la opinión puede ser contraria, sin embargo la relación es mucho más importante.

En cambio una pareja puede estar divorciada, y su relación estar totalmente dañada. Sin embargo, tal vez tengan la misma opinión sobre a qué colegio enviar a sus chicos.

Por eso, a nivel vincular, generalmente es más importante la relación.

Puede haber excepciones cuando se choca con cuestiones morales muy profundas que no tienen la posibilidad de acordarse en un clima positivo.

Pero la experiencia nos muestra que este tipo de situaciones es escasamente frecuente.

Por ejemplo cuando alguien te incita a hacer algo con lo que no estás de acuerdo, entonces allí la relación puede sufrir un distanciamiento.

Es bueno saber con qué valores **no negocias**.

Hay veces que las personas renuncian a valores importantes por mantener vínculos cercanos, y esta actitud tampoco es favorable.

Por ejemplo hay personas que sostienen la idea de que en la pareja hay que tratarse con respeto, pero por miedo a perder al otro terminan renunciando a este valor y se dejan tratar violentamente.

¿Te das cuenta que en cada una de estas estrategias tienes temas para practicar varios días?

Vayamos a otra estrategia enriquecedora...

Tip N° 4

El vínculo se construye a diario.

A las relaciones vinculares las **nutres** o las **envenenas** a diario.

En la medida que compartes momentos ricos de manera frecuente, esa relación se va nutriendo y creciendo, y en la medida que vayas compartiendo momentos negativos, esa relación se va deteriorando y enfermando.

Por eso es importantísimo tener en cuenta la forma de cómo nutres cada uno de tus encuentros.

Por ejemplo **la queja** es una forma de generar un clima enrarecido.

La queja es como un virus que infecta, no sólo el vínculo, sino también a todo lo que te rodea.

¿Te acuerdas que hablamos de los climas anteriormente?

Por eso la forma de nutrir las relaciones es trabajar sobre tu **estado de ánimo** personal.

¡¡¡Todo lo que sientas en tu interior lo transpirarás!!!

Por eso crecer en la vida interior, como te lo proponemos en los libros y audiolibros que focalizan en el área espiritual y de intimidad, es importantísimo a la hora de establecer vínculos armónicos.

Si tu interior está lleno de **ansiedades** y **preocupaciones**, eso es lo que vas a irradiar hacia tus relaciones más cercanas.

Si tu interior está lleno de **depresiones**, lleno de sentimientos negativos de **frustración**, o lleno de **heridas** afectivas, eso es lo que vas a irradiar hacia tu alrededor.

Por eso, para nutrir cada encuentro cotidiano necesitarás preparar tu interior.

Tip N° 5

Anticipando los encuentros...

Una forma de prepararse para el encuentro con el otro es **anticipar** los **objetivos** del encuentro.

Imagínate que quieres construir un vínculo más armónico en tu pareja.

Antes del encuentro que programes de manera concreta, intenta plantearte qué objetivos quieres obtener de ese encuentro.

Fíjate que muchas veces las relaciones cercanas se van dando sin que siquiera intervengas para planear ninguno de los encuentros. Generalmente esos encuentros se dan de manera espontánea.

De esta forma, los objetivos no se pueden anticipar.

Y por eso se van construyendo sin que vos puedas planificar cómo nutrirlos.

Entonces, ya que te decides mejorar algún vínculo, tendrás también que intentar anticipar algunos objetivos que te acerquen a donde quieres llegar.

Generalmente **reaccionamos** en la vida relacional de manera espontánea acorde a los sentimientos que brotan en el momento.

Esos sentimientos, al no haberlos tenido en cuenta, nos guían para dar respuestas a los acontecimientos sin planificación alguna.

Es así que los vínculos finalmente están fuertemente influenciados por la naturaleza de nuestros **sentimientos espontáneos**.

Y es desde allí que pierdes **capacidad de decisión** en la medida que no tengas dominio de tus afectos.

¡Ser dominado por las emociones es un tipo de **esclavitud** que no queremos para tu vida!

Nosotros te proponemos la **libertad**, y eso se gana con conocimiento de sí y con estrategias que te ayuden a conducir tus afectos de manera sana y madura.

Y ahora que nombramos más de lleno el tema de tus sentimientos, detengámonos en el tema para conocerte más.

TUS AFECTOS...

Los ideales que te proponemos son la **paz inalterable** y la **alegría**.

Sin armonía afectiva es prácticamente imposible crecer hasta el máximo de tus ideales de las otras áreas.

Por eso esta área es importantísima para desarrollar cualquiera de las otras tres.

Las relaciones con los que te rodean sufren de tus vaivenes emocionales.

La economía personal sufre tus vaivenes emocionales.

La vida saludable corporal sufre tus vaivenes anímicos.

Tu estilo de vida sufre tus vaivenes sentimentales.

El descanso, las vacaciones, las dietas, sufren de tus altibajos afectivos.

La relación con Dios está fuertemente influenciada por tus cambios emocionales y psíquicos.

Por eso, que estés armonizado emocionalmente comienza a ser un objetivo no sólo **deseable** y **alcanzable**, sino que se convierte en un objetivo **fundamental**.

Te hacemos una serie de preguntas para que contestes antes de continuar con este capítulo.

Si quieres puedes anotar las respuestas a cada pregunta en tu cuaderno personal para que quede todo mas grabado en tu mente...

¿Cuántos fracasos vinculares has tenido por tus inestabilidades afectivas?

Tal vez familiares o amistades que dejaste de ver por estos motivos emocionales.

¿Cuántos desengaños, o desilusiones padeciste por cuestiones afectivas?

Tal vez alguna pareja te ha abandonado por no soportar tus estados de ánimos cambiantes, tus depresiones, tus celos, tu tendencia a ser posesivo o posesiva, o por tus heridas interiores que necesitan de demostraciones exageradas de amor.

¿Cuántos fracasos en materia económica también atravesaste por cuestiones de entusiasmos pasajeros o por falta de perseverancia en una disciplina que te ayude a conquistar algún fruto?

Posiblemente en momentos de crisis económicas, y como fruto de emociones de desesperación, te metiste en solicitudes de préstamos usurarios que te han sepultado aún más en materia económica.

O tal vez, por no tener una disciplina en materia económica, gastaste de más con tu tarjeta de crédito y eso te ha acercado a la posibilidad de no poder pagarla.

¿Cuántos descalabros tuviste al mantener dietas para bajar de peso, y luego tus inestabilidades emocionales te hicieron volver a ganar el peso perdido rápidamente?

Tal vez las ansiedades o depresiones pasajeras te hicieron abandonar la dieta saludable o el ejercicio que sostenía una buena calidad de vida.

Contesta cada pregunta para que notes cómo es tu sistema afectivo interior y también para darte cuenta de la importancia que tiene este tema en tu vida.

Luego nos volvemos a encontrar...

¡Bienvenido nuevamente!

Hay veces que solemos depositar en los otros o en **circunstancias externas** la causa de nuestras inestabilidades emocionales internas.

En las mujeres es muy común achacar la causa de sus "sube y baja" emocionales a cuestiones hormonales.

Si bien es cierto, y está científicamente comprobado, que el sistema hormonal causa alteraciones emocionales, como por ejemplo durante la menopausia o por enfermedades tiroideas, también es cierto que hay veces que las inestabilidades emocionales ya estaban allí antes de estas causas físicas.

Es decir que estas problemáticas hormonales frecuentemente sólo agrandan o maximizan algo que ya se encontraba en el interior de la persona.

Por ejemplo, si eres una persona depresiva, un rechazo de alguien que estimas mucho puede causarte un estado de depresión aún más profunda.

Si eres una persona ansiosa, una dificultar laboral o económica puede dispararte un trastorno de ansiedad aún más severo.

Pero lo cierto es que frecuentemente la base ya estaba allí, y estas causas externas sólo hacen que se potencie aun en mayor medida esa tendencia.

Mi novio es celoso....

Hay personas que sufren de una enfermedad bien jorobada en materia afectiva y también en materia vincular que se llama: ¡¡¡**celos**!!!

Es que los celos son un **veneno mortal** que se inyecta generalmente como el veneno de una araña viuda negra, de manera poco perceptiva en el vínculo de forma constante y cotidiana, hasta que ese vínculo, comienza con el tiempo a mostrar signos de envenenamiento.

Los **celos** son sinónimo de **desconfianza**, y por lo que nosotros sabemos, no hay vínculo que mejore o sane cuando se le inyecta esta clase de líquido.

Es más, no hay vínculo que perdure cuando este veneno se hace presente porque tarde o temprano, este narcótico termina por **asesinar** la relación.

¿Qué hacen las personas cuando comienzan a sentir celos?

Reclaman signos de confianza e intentan, por todos los medios, mendigar **fidelidad**.

Pero esta estrategia está llamada al ¡¡¡fracaso!!!

Primero porque si realmente hay infidelidad en alguno de los dos, es porque antes hubo un montón de indicadores de deterioro de la pareja que pasaron desapercibidos.

Y esa ceguera, para notar y percibir esos indicadores, es mucho más importante que la infidelidad posterior.

A algunas mujeres, por ejemplo, les atraen los tipos sexys y seductores.

Una vez, que después de gran esfuerzo, logran establecer algún vínculo más o menos estable con esta clase de individuos, luego comienzan a padecer de celos porque suponen que la persona podría estar conquistando ¡a otras mujeres!

Justamente lo que les atrajo en un principio comienza a ser el peor enemigo de la relación más tarde.

¿Qué hacen entonces estas mujeres? comienzan a padecer de celos.

Luego van inyectando este veneno de manera perseverante, disciplinada y continua, hasta que la relación se transforma es un desastre.

Una vez llegado a ese punto, el tipo sí decide irse con otra para ¡¡¡sentirse mejor!!!

Los celos se transforman generalmente en **profecías autocumplidas**.

Así como con los celos sucede con casi todas las emociones negativas.

Producen aquello que queremos evitar.

Un **depresivo** piensa:

"Para que voy a levantarme y luchar en la vida si nada de lo que haga va a cambiar esta realidad lastimosa en la cual vivo"

Como fruto de esa ideación y de ese sentimiento depresivo, no se levanta y no produce ningún fruto que lo aleje de esa realidad.

Alguien que focaliza constantemente en lo negativo, cada circunstancia vista desde este punto de vista nocivo, le servirá para sentirse peor.

Aún el depresivo que se gana la lotería dirá:

"Qué importa tanto dinero si nada cambiará que aquella persona que amo vuelva".

Y si por casualidad vuelve la persona que ama, entonces dirá:

¡¡¡"Seguro que vuelve porque tengo mucho dinero"!!!!

Te darás cuenta que lo que pensamos y sentimos tiene un efecto instantáneo y de los más importante sobre nuestras vidas y sobre nuestras relaciones.

Si no haces algo al respecto, tu existencia se transformará en algo sobre lo cual no tienes ningún **poder** de **decisión**.

Por eso te invitamos a que ahora puedas percibir tus estados interiores de manera más clara.

Luego veremos qué hacer para secundar aquellos estados que más te fortalecen y alientan, y veremos también qué hacer con aquellos estados que quieres erradicar de tu presente.

Este próximo ejercicio requiere de tu tiempo y disposición para realizarse.

Los capítulos siguientes tienen relación con los resultados que obtengas en este ejercicio que viene ahora.

Saca tu cuaderno personal

En él haremos una planilla para estudiar tus estados interiores…

¿Quieres realmente mejorar tus relaciones y tus estados de ánimo?

Primero comienza por conocer tus estados de ánimo habituales y así después haremos juntos algunas estrategias que te acerquen al dominio de tu interioridad.

Como consecuencia de este conocimiento podrás establecer cambios concretos en tus relaciones cotidianas.

¿Cómo armar una planilla así?

Primero te invitamos a que anotes en una hoja dividida verticalmente en dos columnas, tus estados positivos más comunes sobre la derecha y tus estados negativos más comunes sobre la izquierda.

Estados de ánimo frecuentes:

POSITIVOS	NEGATIVOS

Esta es una forma de percibir tus emociones habituales.

Los sentimientos cumplen un papel enorme en tu vida.

Si no aprendes a percibir y a influir sobre tus emociones, serás **esclavo** de ellas.

Te contamos que no es fácil percibir nuestros estados habituales. Generalmente notamos **una** o **dos** tendencias más comunes y pasan desapercibidos los otros estados menos sensibles.

La tendencia dominante...

Hay muchos talleres de desarrollo personal o retiros espirituales que trabajan sobre la idea de la "**tendencia dominante**".

Por ejemplo si sufres de **ira** o **enojos** habitualmente y te irritas por pavadas a cada rato, esa será tu tendencia habitual y dominante.

Algunos talleres intentan ayudarte para dominar la tendencia afectiva negativa más habitual.

Esta estrategia es muy buena.

Lo cierto es que aquí te la complicaremos ¡¡¡un poco más!!! Es que somos todavía más ¡¡¡ambiciosos!!!

Nosotros no trabajaremos en la tendencia negativa dominante sino que trabajaremos en "**las**" tendencias negativas dominantes. Es decir en varias a la vez.

Para que aprendas a domarlas y para que respondan a vos en lugar de que vos seas esclavo de ellas.

¡¡¡Pero todavía somos más ambiciosos!!!

También trabajaremos en las tendencias afectivas **positivas** más comunes.

Y ¿sabes por qué? Para que aprendas a **secundarlas** con mayor frecuencia.

¡¡¡Pero todavía somos más ambiciosos!!!

Queremos que aprendas a **instalar** nuevas emociones positivas en tu vida, que te permitan crecer en todas las áreas.

Por eso ahora vamos a realizar juntos esta lista de estados de ánimos positivos y negativos.

Una vez finalizado el ejercicio vuelve al libro...

Te mostramos un pequeño ejemplo de una lista:

POSITIVOS	NEGATIVOS
Paz	Ira
Fuerza	Sentirse víctima
Alegría	Sentir escasez

Bienvenido nuevamente.

Mira, allí tienes tu interior escrito.

En esta lista descubres también el por qué estás como estás en el área espiritual, vincular, afectiva, económica, laboral, corporal, o de ocio.

Parte de los frutos que obtienes en cada área son causados por los sentimientos y emociones que acuñas a diario.

Tanto por las emociones positivas como por las negativas.

Ahora déjanos **primero** invitarte a trabajar sobre tu lista de emociones **negativas**.

En ella verás que hay muchas emociones que te gustaría sacarlas de tu vida cotidiana.

Pero hay algunas que aparentan más dolorosas y ¡**repugnantes**! que otras

Por eso intenta colocarles el nivel de rechazo que tienes con cada una.

Es decir en el primer puesto coloca aquella emoción que más te molesta y que tu vida experimentaría un gran cambio si lograras domarla o extirparla de tu interior.

Luego continúa colocándoles el nivel jerárquico a las demás.

Tómate algunos minutos en este trabajo personal.

	NEGATIVOS
	Ira
	Sentir escasez
	Sentirte víctima

Tal vez hubo pequeños cambios pero ahora tienes una lista en la cual se expresan todas tus emociones negativas que no te permiten vivir de manera **plena** y **feliz**.

Son malezas que opacan la belleza de tu jardín.

Para que tu historia esté plagada de flores hermosas, deberás tener cuidado y sacar las malezas con prudencia de manera de no cortar con lo que hay de **sano** en vos.

Por eso ahora veremos algunas estrategias para detectar a cada una de estas emociones a tiempo.

Cuando un auto es lanzado a quinientos kilómetros por hora es difícil frenarlo.

Las emociones corren con la misma suerte.

Para aprender a frenarlas hay que percibirlas antes de que se disparen.

Veamos un ejemplo con la ira.

Cuando nos enojamos con un nivel de intensidad muy violento, es difícil frenarse, y generalmente sufrimos la consecuencia de esa inercia diciendo o haciendo algo que luego nos arrepentimos.

Por eso saber detectar las emociones lo más tempranamente posible, es decir cuando comienzan a manifestarse, es una forma de facilitar alguna estrategia que las frene, que las corte o que las conduzca por carriles que podamos dominar.

La ira tiene una forma de manifestarse en cada uno de nosotros que generalmente se repite una y otra vez.

Es como una **melodía** que siempre tiene el mismo comienzo y el mismo desarrollo.

Saber **cómo** comienza a sonar esa melodía es una forma de anticiparse para luego frenar el disco antes de que siga sonando.

La ira es una emoción que se expresa ordinariamente cuando perdemos el control sobre algo o sobre alguien.

En realidad la ira se emparenta con la **soberbia** que quiere controlar todo lo que acontece alrededor.

Por eso las personas menos soberbias, es decir, las más humildes, generalmente son más **mansas**, porque entienden que no todo se puede controlar. Soportan así los defectos propios, los defectos ajenos, o los defectos de las cosas, con mayor templanza y mansedumbre.

Cuando notas que la música de la ira comienza a sonar en tu interior, entonces podrás intentar cambiar la emoción.

Si no logras percibirla en su inicio, entonces te agarrará demasiado tarde como para hacer algo rápidamente.

Por eso **estudiarte** es fundamental para lograr cambios.

EMOCIONES NEGATIVAS...

Ahora te hacemos una propuesta...

Fíjate en tu lista y observa los primeros hermosos primeros puestos de tu lista de ¡¡¡emociones negativas!!!

Presta atención a alguna de las primeras tres emociones de esa lista e intenta buscar en **qué momentos** de esta última semana se manifestaron.

En una planilla de agenda semanal, es decir de lunes a domingo, pondremos cuándo y dónde se manifestaron estas emociones.

Planilla ejemplificadora sobre la ira:

Lunes	Martes	Miércoles	Jueves	Viernes	Sábado	domingo
16 hs trabajo				15 hs trabajo		
		17 hs trabajo				
20 hs cena en casa			19hs tarde en casa			20 hs cena en casa

En este ejemplo notamos lo siguiente:

La persona sufre mayormente manifestaciones de ira en algunos horarios del trabajo y durante la cena en su casa.

Al notar esta predisposición podrá estar más atenta a esos momentos para luego poder hacer algo al respecto.

Al saber que durante la cena puede llegar a caer en esa emoción que intenta dominar, entonces tiene la posibilidad de prepararse con anticipación para no sentirse desbordada en ese momento.

Su preparación puede incluir ejercicios de relajación, ejercicios de meditación, salir a dar una vuelta caminando, hacer ejercicio físico, u otras estrategias que le permitan prepararse y anticiparse a sus emociones negativas.

Con esta anticipación es más sencillo poder "**domar**" o minimizar la emoción negativa hasta niveles que sean tolerables.

Por eso ahora intenta buscar algún patrón de frecuencia de lugar o de horario en tu lista de emociones negativas.

Si logras encontrar esos lugares u horarios más frecuentes entonces ¡tienes parte de la batalla ganada!

Si no percibes claramente un patrón habitual, de cualquier manera puedes intentar observar cómo suena la melodía.

Así podrás anticiparte cuando otra vez comience a manifestarse en tu vida una emoción negativa.

Emociones positivas...

Una vez desarrollado el ejercicio sobre las emociones negativas será el turno de focalizar en las emociones positivas que más frecuentemente se manifiestan en tu vida.

¡¡¡Por fin!!!

Así podrás **secundarlas** con mayor prontitud y disponibilidad.

De esta manera contribuirás a que se expanda en tu vida este foco de irradiación positiva.

Primero entonces ordena la lista que tenías de emociones positivas y estados de ánimo en el nivel de agrado que tengas con cada una de ellas.

Coloca en el primer lugar aquella emoción que más quieras repetir en tu vida.

POSITIVAS	
Alegría	
Paz	
Fuerza	

Luego busca los momentos del día en que se manifestaron durante la última semana.

Ejemplo del estado de ánimo de **alegría**...

Lunes	Martes	Miércoles	Jueves	Viernes	Sábado	domingo
7 hs	7 hs	7 hs	7 hs	7 hs		
Al levantarse	Al levantarse	Al levantarse	Al levantarse	Al levantarse		
23 hs	23 hs	23 hs	23 hs	23 hs	23 hs	23 hs
Al acostarse	Al acostarse	Al acostarse	Al acostarse	Al acostarse	Al acostarse	Al acostarse

Verás que la alegría se manifestó con cierto patrón de horarios o lugares.

Aquí pareciera que la persona puede percibirse alegre a la mañana al levantarse y por la noche cuando se acuesta.

Es tiempo entonces de ejercitar tu **voluntad**.

Al saber a qué hora o en cual lugar se manifiestan con mayor frecuencia esas emociones positivas, entonces podrás aprender la forma en que suenan en tu interior.

Así luego, una vez **aprendida** la **melodía**, podrás repetirla en otros momentos del día.

Fíjate que tal vez ahora puedas intentar **recrear** una emoción positiva en el horario en el cual generalmente se manifestaban emociones negativas en tu vida.

Será tiempo de proponerte recrear estas emociones positivas en otros momentos del día en los cuales no son habituales.

118 Libre y santo

Al reiterar estas emociones positivas irás creando **nuevos hábitos emocionales**.

En el ejemplo que veníamos observando sería conveniente que la persona intente proponerse recrear la alegría de la mañana durante el trabajo o durante la cena en su casa.

Esta estrategia puede ayudarlo increíblemente a erradicar las malezas de la ira.

Pero vayamos a un paso todavía más amplio...

Tal vez en tu vida descubres que no se manifiestan emociones positivas que te gustaría encontrar a diario en el sendero de tus días.

Emociones como la alegría, la sensación de abundancia, el agradecimiento, la alabanza, el gozo interior, u otras.

Es momento entonces de proponerte recrearlas en el momento y lugar que tu escojas.

Ante esta propuesta muchos dicen que es imposible recrear emociones positivas a "pedal", es decir con esfuerzo de nuestra voluntad.

Los que sostienen esta idea son los que piensan que las emociones son **espontáneas** y que son parte de nuestra personalidad involuntaria.

Con esta creencia en el fondo también sostienen que por ejemplo sería imposible para una persona transformar su carácter y ser más alegre, o más extrovertido, o más sensual.

Gracias a Dios nosotros ¡no creemos como ellos!

Sabemos que es posible cambiar nuestras emociones.

Sabemos también que si nos proponemos trabajar en nuestro interior podremos secundar e instalar emociones positivas con mayor frecuencia o intensidad en nuestras vidas.

Hemos desarrollado un audiolibro que se llama "Modelando Tu Personalidad" que trabaja sobre estos temas.

Pero la idea de que la personalidad y las emociones se pueden modificar no es una creencia más, sino que la hemos notado en numerosas personas que han logrado cambios profundos en sus vidas porque es una creencia que produce frutos bien visibles.

Ahora es tiempo de que vos decidas a quién creerle.

Por eso ahora te invitamos a que realices una lista de dos o tres emociones o actitudes positivas que quieras instalar en tu vida.

Ejemplo:

1. Alegría

2. Observar las virtudes en los otros

3. Sensación de plenitud

Ahora intenta buscar un momento cercano en el tiempo para probar cómo instalar estos nuevos hábitos emocionales.

Si no sabes cómo recrear alguna de estas emociones, entonces al menos intenta ¡**actuarlas**!

Tu interior se irá haciendo partícipe y protagonista de esa emoción, y con el tiempo podrá ser habitual.

¿Pareciera un poco **inocente** o **forzada** la propuesta?

Mira a tu alrededor. Escucha a las personas de tu entorno.

Si escuchas detenidamente observarás que frecuentemente la queja está instalada a nivel social y es fácil contagiarse de ella.

Con el tiempo la queja se va propagando como un virus en nuestro interior, y a la larga podemos llegar a transformarnos en personas "quejosas".

Los hábitos emocionales se "**instalan**" y también se pueden "**desinstalar**".

No es necesario que creas que tendrás que atravesar toda tu vida sintiendo emociones que rechazas o deseando tener emociones que nunca se manifiestan en tu vida.

Podes favorecer actitudes o creencias para erradicar aquellas que más detestas y secundar e instalar aquellas emociones que más deseas.

Intenta ahora poner en práctica algo de lo que aprendiste en estos últimos renglones y luego nos volveremos a encontrar.

¡¡¡Viví la vida con plenitud!!!

SACAR AGUA DEL POZO (TERCERA PARTE)

¡Hola! ¡Bienvenido nuevamente!

En este capítulo trabajaremos sobre algunas ideas que te ayudarán a crecer en los diferentes **grados** que supone ir desarrollando ésta área en tu vida.

Has notado que esta área comprende numerosos aspectos tanto en lo vincular como en lo afectivo.

Es un área que podría ser llamada el "**termómetro**" de tu vida.

Si en esta área te va bien, entonces seguramente que evaluarás el conjunto de la vida como positivo.

Pero si te va mal en lo afectivo vincular, seguramente que te sentirás incómodo, solo o vacío.

Veamos juntos entonces cómo comenzar a dar pasos en las siguientes etapas...

ETAPA DE APRENDIZAJE Y REPETICIÓN

La primera etapa que se presentará una vez que te decidas a crecer en tu afectividad o en tus relaciones cercanas, es la que se llama etapa de aprendizaje.

¡Es una etapa maravillosa!

Te conducirá desde un principio hacia el horizonte que quieres, si realmente tienes en claro hacia dónde ir.

Por eso es importantísimo saber hacia dónde te encaminas.

Ésta es una etapa de aprendizaje en donde algún que otro referente te puede marcar cierta tendencia hacia dónde caminar.

Por **referentes** se entienden a las personas que son testimonio de aquello que quieres alcanzar o ser.

Muchos creen erróneamente que en la vida vincular no se puede avanzar mucho porque la relación depende también de la otra persona.

Es decir que no se puede cambiar un vínculo si primero la otra persona involucrada no se decide también a cambiar.

Pero aquí te mostramos como si uno cambia, el vínculo también lo hace.

Por eso es importante determinarte a perseverar en todo lo que tengas que hacer para cambiar y mejorar vos mismo.

Otros creen, también erróneamente, que en la vida afectiva no se puede cambiar mucho porque dependemos de nuestra manera de ser.

Es decir que ¡¡¡somos así!!!

Con esta creencia sostienen que es difícil conseguir cambios que sean diferentes a la "forma de ser".

Así dicen veladamente que somos ¡¡¡esclavos de nuestro ser!!!

Nosotros nos oponemos a esta creencia.

Sabemos que cada persona es mucho más que sus estados de ánimo habituales o que las formas en que hace las cosas de manera ordinaria, es decir tu conducta.

Nos encanta saber que somos ¡¡¡**libres**!!! y que tenemos la capacidad de cambiar nuestros hábitos emocionales y conductuales de la menara que nos lo propongamos.

Si alguna persona escoge seguir creyendo que no puede cambiar su personalidad, es su decisión y nosotros la respetamos.

Pero, por nuestra cuenta, preferimos creer que somos libres para reinventarnos y para proponernos sentimientos fecundos, y para plantearnos seriamente crecer vincularmente para desarrollar relaciones abundantes y ricas.

En esta etapa es entonces importante instalar nuevos hábitos emocionales y vinculares.

Por ejemplo cuando eras niño, **tus padres** o referentes te enseñaron a contestar de cierta manera, también te enseñaron a expresar tus sentimientos, y también a relacionarte con los demás.

Al ser un niño no cuestionabas la idea sino que entendías que tenías que aceptarla porque provenía del amor que te tenían tus padres.

Por eso contar con referentes **sanos**, **libres**, **sabios** o **santos** en esta etapa es muy importante para dejarse instruir por ellos y comenzar un camino de crecimiento.

Deberán ser referentes que te inspiren confianza para que te ayuden a dar pasos.

De nada te servirá preguntarle sobre la relación de pareja a tu mejor amigo que ha sido tal vez un fracaso en ese sentido.

Tampoco te será fructuoso que vayas a buscar consejo, en un momento que te asalte la depresión, a aquel que es testimonio de una tristeza profunda en su vida.

Te proponemos un ejercicio sencillo...

Intenta acordarte de aquellas personas que son testimonio del área afectiva, por su alegría, esperanza, entusiasmo, plenitud, felicidad, comicidad, tenacidad, fortaleza.

Escribe sus nombres en tu cuaderno.

También intenta acordarte de las personas que son testimonio por la forma en que se relacionan con los demás.

Por la alegría o intimidad que desarrollan en los vínculos, o por la fecundidad en sus relaciones familiares, sociales, o laborales.

Escribe también sus nombres en tu diario.

Déjate inundar por la riqueza de haberlos conocido.

Ellos ahora te guiarán con su ejemplo hacia donde vos también quieres llegar.

Aprende de ellos y repite su forma de sentir y su forma de actuar.

Tendrás que tener un corazón de niño en esta etapa para buscar la forma de imitar a quienes te fascinan con su ejemplo.

¿Notaste que los niños intentan copiar hasta los gestos de sus padres?

Por eso intenta tener bien presentes a aquellas personas que se te presentan como fuertes referentes en esta área.

Al observarlos diariamente tal vez ¡se te peguen algunos de sus gestos!

Nos acordamos de una anécdota particular de Toio...

Unos años atrás, me había entusiasmado muchísimo con el golf y quería mejorar mi juego.

Para lograrlo conseguí un video de ¡ocho horas continuas! de clases de Jack Niklauss (Él es uno de los mejores jugadores de golf de todos los tiempos).

Mirar continuamente su juego, ver cómo hacía su swing, notar sus ritmos, sus movimientos, sus pausas, me sirvió para intentar copiarlo y así mi juego mejoró de manera notable.

De la misma manera que en el ejemplo, nuestros referentes tienen ciertas formas de decir la cosas o de relacionarse con los demás, que da mucho más resultado que nuestras conductas habituales, por eso hay que ponerse a ¡¡¡aprender!!! de ellos.

Tal vez no tengas referentes cercanos, entonces puedes buscar en libros o biografías a tus referentes.

Hay muchas personas que se han inspirado en libros sobre la biografía de grandes personalidades para cambiar sus vidas.

En la vida de Alejandro Magno, de San Agustín, de San Francisco, de Santa Catalina de Siena, de Gandhi, de Martin Luther Kin, de Nelson Mandela, de la Madre Teresa de Calcuta, y por supuesto en la vida de Jesús.

Etapa de meditación o formación:

La segunda etapa en esta área de las emociones, sentimientos y de las relaciones con quienes te rodean, es la meditación y la formación de criterios adecuados.

Saber sobre tus sentimientos interiores y de cómo cambiarlos es una tarea titánica porque generalmente solemos mirar las causas exteriores.

Es entonces indispensable sostener alguna metodología que te permita conocerte.

Nosotros en este taller intentamos acercarte alguna metodología para que te conozcas más.

Con la libertad que surge del conocimiento de vos mismo, entonces podrás tomar decisiones de qué es lo que quieras hacer en materia de tus afectos.

Sin conocimiento propio es **imposible** proponerte cambios.

¿Te diste cuenta que hay muchas personas que hablan como si supieran de cualquier tema en el cual nunca han sido testimonio de aquello que aparentan conocer?

Hay personas que opinan sin escrúpulos sobre economía mundial, política internacional, sobre astronomía, sobre religión, sobre mecánica cuántica, o sobre cualquier tema después de haber visto un programa de sesenta minutos en ¡¡¡Discovery Channel!!!

Hay veces que sobre nuestro interior hacemos lo mismo.

Tomamos decisiones sin conocernos realmente.

Por eso en esta etapa es tiempo de notar que hay creencias que te dan frutos y otras que te sepultan.

Por ejemplo...

Te puedes sentir mal, deprimido o ansioso, y puedes tener un sistema de creencias que deposita en alguna causa errónea el problema de tus males.

Por eso tener creencias que te permitan tener la libertad de **modificar** tus estados de ánimo es importantísimo.

Hay personas que creen que no se pueden modificar los estados de ánimo. Creen que no se puede modificar la personalidad.

Estas creencias engañosas pueden engendrar profecías que se autocumplen.

Otros creen que no hay mucho para hacer en materia de modificación de los vínculos.

Y le echan la culpa a la otra persona cuando un vínculo no se modifica.

No creen que al cambiar ellos mismos se pueden modificar profundamente las relaciones sociales.

A nosotros nos gusta señalar el paralelismo que existe entre éstas etapas en el área de tus afectos y de tus relaciones, con las etapas de la vida de oración y de la espiritualidad clásica.

En la vida de crecimiento espiritual a este período se lo llama: "Oración Discursiva".

La palabra **Discursiva** significa discurrir, es decir discurrir ideas.

Ya no se trata de ir **repitiendo** recetas armadas sino que se comienza a intentar meditar sobre lo que uno hace y dice.

Es decir que se comienza con un proceso de cuestionamiento y formación.

Fíjate que en esta etapa ya se puede comenzar a intuir que algunos de los valores que acarreas desde tu **cuna** no son los mismos valores que quieres tener en tu interior.

Aquí sucede algo fantástico porque comienzas a notar valores interiores y valores que te proponen desde afuera, o que te propusieron tus padres o tus referentes.

Entonces emprendes un proceso de **adhesión** o de **discrepancia** respecto de esos principios.

Es como el **adolescente** que al haber aprendido en su niñez los valores que sus padres le transmitieron, luego comienza a discurrir sobre esos valores y adhiere a alguno de ellos y discrepa o rechaza otros en la medida que llega a su adultez.

Así como también decimos en otras áreas, es importante durante esta etapa que estés bien nutrido en materia de **formación**, para poder generar **criterios acertados**.

La **ignorancia** puede hacerte creer en cuestiones mágicas o atribuir causas falsas a las situaciones que a diario se te presentan.

La ignorancia y la falta de formación adecuada son grandes **esclavitudes** en las personas.

Muchos no crecen, en ninguna de las áreas de la vida, sólo por ignorancia.

Desconocen que tienen posibilidades de crecimiento.

Por eso es importantísimo que en esta etapa te formes adecuadamente y comiences a engendrar criterios sanos y fecundos.

En cada área de tu vida puedes tener criterios deformados que no te permiten crecer en los vínculos cotidianos, o en tu vida afectiva, o en tu economía personal, o en el desarrollo de tu misión, o en la capacidad de generar una vida más saludable, o en organizar un estilo de vida pleno, o en la posibilidad de disfrutar cada instante de tu presente.

Es indispensable formarte bien.

En otros capítulos te sugerimos algunas ideas sobre la comunicación humana y cómo desarrollar mejor tus relaciones cotidianas.

Vos tenés el poder de modificar tus estados interiores y también de modificar todos tus vínculos.

¡Si vos cambias, cambiará tu
mundo a tu alrededor!

No sabremos de antemano si ese cambio será mejor para el vínculo con alguien, pero sí sabemos que el vínculo se modificará.

Tendrás que perseverar en diferentes cambios hasta que esa relación mejore.

Ahora hagamos un ejercicio...

Veamos si puedes buscar alguna creencia en tu interior que no te esté permitiendo crecer en tus estados de ánimo o en tus relaciones sociales.

Intenta identificar varias de ellas.

Aquí van algunos ejemplos de **creencias limitantes** que no te permitirán crecer hacia la libertad que anhelas:
- o   A mi edad ya no se puede cambiar.
- o   Con la familia que tengo no se puede hacer nada.
- o   Mi personalidad la heredé y no la puedo cambiar.

- Desde chico intenté cambiar y no pude.
- Siempre fui ansioso.
- Soy así por mi temperamento.
- Soy así por haber nacido en tal fecha.
- Las personas son todas iguales.
- Las mujeres son todas iguales.
- Los hombres son todos iguales.
- Ya nadie cree en el amor.
- Cada quien busca su bienestar.

Puedes encontrar muchas más que no te permiten crecer.

Ahora es tiempo de decidir no creerle más a esas ¡¡¡ideas pavas!!!!

Escoge en qué quieres creer. No permitas que el veneno de creencias limitantes se instale en tu mente.

Escribe luego en tu cuaderno las creencias que te ayuden a volar bien alto.

Tómate unos minutos para hacer el ejercicio.

Aquí van algunos ejemplos de creencias que te empujarán hacia la libertad que sueñas:

- Siempre es hermoso seguir creciendo.
- Soy libre para escoger lo que quiero hacer.
- Heredé muchas virtudes, y los defectos los voy a cambiar.
- Ahora tengo más posibilidades de cambio porque me conozco.
- Soy alguien que tiende siempre a continuar creciendo.
- Mi personalidad es flexible.
- Soy libre de nacimiento.

o   Las personas son únicas e irrepetibles.
o   Las mujeres son todas diferentes y cada una tiene algo especial para enseñarme.
o   Cada hombre es único y tengo algo para aprender de él.
o   El amor existe y se manifiesta continuamente en mi vida.
o   Mi bienestar ayuda a los otros.

Te darás cuenta que estas ideas tienen relación con las que expusimos anteriormente.

Ahora es tiempo que vos cambies las tuyas. ¡Escoge en qué creer!

Realiza tu ejercicio de creencias potenciadoreas y luego nos volvemos a encontrar.

¡Bienvenido nuevamente!

Esta etapa de meditación y de formación, es propia de aquel que comienza a notar que carga con algunos criterios enfermos y que lleva en su interior algunos sentimientos y pensamientos que lo llevan hacia la **miseria afectiva** o hacia la miseria y **enfermedad vincular**.

Durante este proceso comenzarás a notar la miseria o la imperfección que no te permite crecer de manera sana.

Es aquí donde comenzarás a notar que necesitas valores que te guíen para lograr crecer en todas las áreas pero con paz y alegría y no a costa de conductas que luego te las recrimines a vos mismo.

El camino hacia la verdadera libertad es un compromiso con **crecer sin límites** en cada área y ser **fecundo** tanto en lo personal como con el entorno.

Este es un valor muy importante.

Algunos intentan crecer en alguna área a costa de perjudicar otra área de su propia vida o de la vida de otros.

Por ejemplo hay personas que quieren crecer en algún vínculo aún a costa de destrozar otros vínculos.

Otros quieren crecer económicamente a costa de su salud o del fracaso de otros.

El objetivo para nosotros es crecer armónicamente.

No necesitas destrozar tu salud para crecer en el aspecto económico.

No necesitas romper la relación con tu familia para crecer en un vínculo de amistad o pareja.

No necesitas intentar que tu pareja rompa con su familia o amistades para crecer en la relación contigo.

Pero sigamos con la siguiente etapa…

ETAPA: PERCEPCIÓN AFECTIVA Y PASIONAL

La siguiente etapa se llama de percepción afectiva y pasional.

Es una etapa maravillosa en donde comenzarás a percibir un interior lleno de emociones y de virtudes interiores como la alegría, el agradecimiento, la pasión.

Tal vez esos estados los adjudiques a cuestiones todavía demasiado exteriores.

Por eso si te sientes muy bien al leer un libro o al ver algún programa de televisión, quieres que todos hagan lo mismo y que lean el mismo libro o vean el mismo programa.

Es una etapa muy fecunda en este sentido, porque arrastrarás con vos ¡a varios!

El problema es que todos estos sentimientos todavía no están del todo arraigados profundamente y reciben los embates de la **inestabilidad** interior.

Es también durante esta etapa que descubres un mundo interior lleno de **pasiones**, tal vez negativas y que te llevan hacia lugares que no quisieras ir.

Es que todavía el interior no ha alcanzado la madurez de haber atravesado con firmeza por diferentes **consolaciones** y **desolaciones**.

Una consolación en una experiencia de gozo, luz intelectiva o de fuerza en tu voluntad.

La desolación es el movimiento contrario. Aridez, tristeza, depresión o desgano.

Aprender sobre estos movimientos interiores es importantísimo, sobre todo en la vida espiritual.

En el libro "Teoterapia" ahondamos en la idea.

Pero para adecuar estos movimientos a la vida afectiva podemos ejemplificar la idea así:

Tal vez te entusiasmas ante una fuerte consolación, pero cuando viene el tiempo de sequía decaes y abandonas todo lo que habías emprendido.

Por eso las personas durante esta etapa son generalmente muy inestables.

Son las que se enamoran a ¡¡¡primera vista!!!, sin todavía conocer a la otra persona.

Son los que se enamoran de alguna carrera universitaria o de alguna profesión o de algún deporte o de algún pasatiempo, pero ese enamoramiento dura sólo un rato, y al rato siguiente se desaniman y abandonan todo lo emprendido.

Son los que después de leer este libro se entusiasman y comienzan a proponer cambios en la vida de relación con alguien cercano, pero tal entusiasmo dura ¡¡¡una tarde!!!, y al no ver los frutos inmediatamente, se desaniman y vuelven a las conductas habituales.

Son los que arrastran sus vínculos de acuerdo a la inestabilidad de sus pasiones.

"Hoy somos re amigos, porque me siento bien, mañana sos mi peor enemigo porque me ¡¡¡siento mal!!!"

Las heridas interiores...

En esta etapa también es muy común que notes que hay **heridas** en tu interior que todavía no se sanaron.

Por ejemplo hay **carencias de amor** que te llevan a demandar amor de todo el que se te cruce.

Hay heridas de amor que te llevan por caminos de **demanda** y no de **fecundidad** vincular.

Pareciera que necesitaras del otro para sanar. Y esa demanda tal vez se transforme rápidamente en frustración al notar que el otro no te puede dar aquello que reclamas.

Es posiblemente una etapa de seguir espejismos quijotescos, afectivos y vinculares.

Crees que "tal persona" te va a hacer feliz.

Crees que tal situación "te va a hacer sentir bien".

Crees que fulano o mengano o una situación en particular, te va a dar el sentimiento que falta en tu interior.

Ese espejismo puede llegar a ser una mayor herida porque supone una frustración a **futuro**.

Necesitas un interior **sano** y **libre** para entablar relaciones armoniosas y fecundas.

En la medida que más herido estés, mayor será la demanda afectiva o vincular, y esa demanda generalmente te llevará al fracaso.

Cuando estas sano y pleno interiormente, entonces puedes volcar esa plenitud en las relaciones cotidianas, y por eso seguramente que tendrás mayor éxito en el área vincular.

Cuando estas sanos y pleno, más personas quieren estar con vos.

Cuando estas herido y sientes un profundo vacío interior, las personas ¡¡¡te huyen!!!

Es decir que a mayor **sanidad** y **plenitud**,
mayor **éxito** en la vida vincular.

Por eso estar atento a cómo estás en materia afectiva, es fundamental para mejorar tu capacidad de generar vínculos estables, maduros y plenos.

Esta etapa es maravillosa para intentar sanar las heridas pasadas.

Pero el verdadero conocimiento de sí, generalmente viene en etapas posteriores.

Ahora hagamos un ejercicio.

Fíjate en todas las relaciones que **han funcionado** en tu vida.

Intenta buscar en esas experiencias todo lo que vos has volcado en ellas para que funcionen.

Fíjate que seguramente vos pudiste generar momentos de plenitud entre ambos, gracias a haber estado con alegría, paz, amor o plenitud interior.

Anota esos vínculos, y coloca tus estados interiores que te permitieron **nutrir** la relación.

Ahora fíjate en las experiencias contrarias.

Fíjate en todas las relaciones que **no han funcionado** en tu vida.

Intenta buscar en esas experiencias todo lo que vos has demandado de ellas.

Todos los sentimientos negativos y necesidades afectivas que volcaste sobre esos vínculos.

Fíjate que seguramente generaste momentos perjudiciales para la relación en base a tus inseguridades, o inestabilidades, o desconfianzas.

Anota esos vínculos, y coloca tus estados interiores que te permitieron **fracasar** en la relación.

Date cuenta que tienes mucha responsabilidad sobre los vínculos y que de vos depende gran parte del éxito de cada relación.

Notar esto es ganar en ¡¡¡**responsabilidad** y en **libertad**!!!, dos grandes palabras que el gran psicólogo Victor Frankl colocaba como sumamente importantes en un psiquismo sano.

Responsabilidad para hacerte cargo de las diferentes situaciones que generas, y libertad para escoger qué hacer con ellas.

Y ahora te proponemos un ¡¡¡súper ejercicio!!!

Busca una **persona X**, con quien quieras mejorar la relación, y con la cual puedas realizar el siguiente ejercicio.

Ahora, antes de cruzarte con ella, te proponemos que te determines a lo siguiente.

Cuando estés con ella focalizarás sólo en lo que vos puedas nutrir esa relación.

Es decir que irás al encuentro de tu X con la expectativa de lo que vas a **dar**, y **no** con la idea de **recibir** algo.

Desde tu plenitud vuelca lo que tienes, y no demandes lo que necesitas de ella.

Luego de ese encuentro de pocos minutos, vuelca en tu diario cómo te fue y qué frutos notaste durante y después de la experiencia.

Te damos un ejemplo...

Imagínate que estas soltero y sales con una persona con quien estas interesado en establecer un vínculo más íntimo.

Imagínate que te sientes solo o sola, y que tal encuentro te produce la esperanza de encontrar tu ¡media naranja!

Ese sentimiento de soledad se expresará de alguna forma en la salida con esa persona.

Pero aquí está la mala noticia...

Volcar esa soledad es **veneno** para el vínculo que quieres establecer.

Es una carencia interior que seguramente irradiarás en dicho encuentro.

Si consigues que esa persona te preste atención seguramente será porque esa persona está tan herida como vos, o sola como vos, y establecerás una hermosa relación basada en las necesidades y en las ¡¡¡enfermedades!!!

Luego, si por algún milagro, uno de los dos se sana, entonces la relación se romperá.

Muy diferente sería si te sientes pleno y feliz interiormente.

Y vas a ese encuentro para compartir tu dicha.

Esa plenitud seguramente que será irradiada por tus poros.

Establecerás así una relación sana y madura desde el inicio mismo de la relación.

Seguramente que si el vínculo funciona es porque la otra persona también está bien sana y plena como vos.

Cuando estamos bien y plenos, solemos atraer a personas que están como nosotros a nuestro alrededor.

Cuando nos sentimos solos y carentes de afectos, solemos atraer a personas tan enfermas como nosotros a nuestro alrededor.

No sabemos qué quieras vos, pero nosotros preferimos ¡¡¡la primera forma de sociedad!!!

Trabajar sobre tus afectos es una de las formas más importantes de mejorar tus vínculos, sino tus inestabilidades emocionales, tus vacíos interiores, tus tristezas, tus depresiones, tus ansiedades, tus melancolías, tus demandas, tus soledades, escogerán por ti y establecerán una clase de relación con los demás que, créenos, no querrás establecer.

Cúrate interiormente, y tu mundo exterior verá los frutos de tamaño milagro.

No sabemos si eres o no creyente, pero en los audiolibros y libros que hemos desarrollado para el área espiritual pusimos una oración de sanación que te puede ayudar.

Pero puedes armar por cuenta propia una oración a Dios que te permita sanar interiormente para luego volcar tus plenitudes en tus relaciones sociales y no las demandas que surgen de tus carencias.

Por eso ahora deja unos momentos el libro y permite que tu Creador te llene con su presencia de amor.

Es un amor que sana y libera.

Respira su amor. Déjate llenar por Él.

Cuando inspiras, déjate inundar por el Espíritu de amor que te plenifica.

Cuando espiras, permite que ese amor sea volcado y devuelto en los vínculos que mantienes a diario.

Deja de leer por algunos minutos y quédate con Él, a solas, para intimar y para dejarte invadir por su presencia.

Luego nos volvemos a encontrar...

Bienvenido nuevamente.

Esta etapa es súper **sanadora**, porque comienzan a aflorar tus afectos interiores tal como los venías guardando desde niño.

Es una etapa preciosa para poder poner alguna música que te ayude a estar mejor o ver programas de TV que te predispongan para secundar buenos estados de ánimo.

¡¡¡De nada te servirá ver la película "Martes 13" quinta parte o "Psicosis" antes de encontrarte con la persona que quieras conquistar!!!

La etapa de percepción afectiva es muy rica y fecunda, pero lamentablemente es un poco **inestable**, porque los afectos mismos y los sentimientos suelen ser inestables.

Por eso la persona que se queda estancada en esta etapa de la vida afectiva, suele ser inestable y sólo persevera cuando tiene "ganas de hacer algo".

Por ejemplo, mantiene una relación de pareja en tanto sienta "gusto" por ello, y ante la más pequeña dificultad es posible que abandone todo y se vaya a otro lado en búsqueda de nuevas sensaciones.

Es aquel que después de cumplir los cuarenta, cambia a su pareja por ¡¡¡dos de veinte!!!

Veremos que en las otras áreas le pasará algo parecido.

Por eso son personas que van de una pareja a otra, o de una relación a otra, y no terminan de crecer, madurar y perseverar en ninguna porque siempre hallan alguna dificultad o algo para criticar.

Los estados de ánimo también marcan gran parte de los éxitos o fracasos que obtienes en cualquier emprendimiento.

Si tus emprendimientos dependen de tus entusiasmos pasajeros, o de tus temores más profundos, entonces ¡¡¡estás frito!!!

Tienes que aprender a buscar lo que quieres, y luego perseverar en la empresa decidida, más allá de tus estados de ánimo.

Por eso para crecer un poco más tendrás que saltar a la etapa siguiente…

Etapa: Perseverancia y madurez.

Esta etapa se llama de Perseverancia y madurez porque sólo llegan los que se han animado a perseverar en sus relaciones vinculares, o en cualquier tipo de emprendimientos, y han logrado permanecer más allá de las ganas pasajeras o de los entusiasmos inconstantes o de los miedos o de los temores fortuitos o más allá de cualquier estado de ánimo cambiante.

Como son personas perseverantes las que llegan hasta aquí, es común verlas en lugares o roles a los cuales sólo acceden aquellos que permanecieron.

Es verdaderamente bien difícil **perseverar** en cualquier área.

Nuestros sentimientos, creencias o ganas, hacen que nos manejemos de acuerdo a los vaivenes de ellos y no alcancemos fácilmente una madurez como la que aquí describimos.

Cuando leas sobre las otras áreas también notarás que las personas que han llegado hasta aquí ocupan generalmente lugares socialmente reconocidos como fruto de haber perseverado en esa área.

Es que la perseverancia frecuentemente te hace alcanzar estos lugares.

Son por ejemplo personas que mantienen parejas estables, o negocios estables, o son líderes grupales o sociales.

Es que la **perseverancia** logra algún tipo de **éxito**.

El problema es cuando sos perseverante pero no en lo que es sano afectiva y vincularmente hablando, sino en donde la vida te colocó de manera accidental.

Este taller está diseñado para que poco a poco vayas descubriendo en qué emociones y en que vínculos quieres perseverar y en cuales quieres cambiar.

Pero sin conocimiento de vos mismo y sin un espacio interior maduro, es prácticamente imposible que descubras estos misterios interiores.

Por eso te invitamos a que perseveres en este espacio interior más allá de que tengas ganas o no.

Verás que esta última etapa, de esa gran etapa llamada "sacar agua del pozo", está destinada a aquellos que se atrevieron a perseverar.

No te agrandes...

Pero aquí se presenta una gran dificultad, y es que si has llegado a algún lugar de reconocimiento social o familiar, tal vez pienses que has llegado al tope o a lo máximo de tus capacidades.

Esta situación podría agrandarte el ego lo suficiente para no permitirte ver que el camino recién comienza y que, si quieres crecer realmente, deberás abajarte a la **humildad** que se requiere para seguir caminando en las siguientes etapas que te faltan.

Para crecer en estas primero cuatro etapas no se requieren más que un poco de **perseverancia** y aprender a atravesar algunas **desolaciones** pasajeras.

Pero pasar a las siguientes etapas es una cosa totalmente distinta y se requiere cambiar profundamente en muchísimos aspectos.

¡Es un salto que pocos se atreven a dar!

Esperamos que vos te animes, porque descubrirás las maravillas que se encierran en tu interior, y te acercarás a la felicidad plena de las últimas etapas de crecimiento.

Ejercicio...

Quisiéramos invitarte ahora a realizar el siguiente ejercicio.

Fíjate si puedes escribir en tu cuaderno aquellos vínculos que han durado con el tiempo, o aquellos emprendimientos que has podido sostener más allá de los vaivenes emocionales.

Escríbelos y toma nota de cómo has logrado perseverar.

Notarás que seguramente en esas relaciones o emprendimientos hubo momentos de zozobra y de inseguridades, pero igualmente pudiste seguir adelante.

Tómate unos segundos para dar cuenta de cómo fue que lograste perseverar y luego nos volvemos a encontrar...

¡Bienvenido nuevamente!

Ahora será el tiempo de pasar a las siguientes etapas en donde el salto tal vez te de **vértigo**, pero si quieres dar un gran paso deberás comenzar a secundar la parte de ¡**héroe**! que tienes en tu interior.

Permítenos primero invitarte a releer este capítulo algunas veces y a realizar los ejercicios que propone.

Y nos encontramos en el siguiente capítulo.

¡¡¡Viví la vida con plenitud!!!

CANALETAS (PRIMERA PARTE)

¡Hola! ¡Bienvenido nuevamente!

Ahora volveremos a **sumergirnos** dentro del área de tu afectividad y de tus relaciones sociales pero en la segunda gran etapa de las "**canaletas**".

Aquí te hará falta el conocimiento particular y específico de un **arquitecto,** o de un **ingeniero,** en lo afectivo y en lo vincular para seguir adelante.

Es decir que no se trata de crecer en base solamente a esfuerzos bien intencionados sino que necesitarás de conocimientos más sofisticados para construir un sistema afectivo y vincular diferente que te permita acceder a las últimas etapas de fecundidad en estos temas.

Pero para ver cómo seguir adelante en esta área, vayamos primero a focalizar en el aspecto **afectivo.**

Este aspecto es de lo más importante porque si **no funciona** correctamente ninguna otra área pareciera funcionar.

Te damos un ejemplo personal de Toio...

Suelo salir a correr diariamente durante treinta minutos por la costa de Miramar, ciudad en la cual vivo.

Aprovecho ese tiempo para escuchar **audiolibros** de desarrollo personal a través de los auriculares de mi celular.

Este trayecto de treinta minutos se va transformando en hábito y me ayuda a buscar alcanzar un mejor estado corporal.

Pero hay días que alguna **noticia negativa** impacta mi afectividad.

Así cada uno de nosotros tenemos noticias o situaciones negativas que impactan nuestra afectividad.

Por ejemplo la enfermedad de un ser querido, una deuda económica, el desempleo, el rechazo de un ser querido, la infidelidad de nuestra pareja, un fracaso educativo.

Cuando una noticia o situación negativa impacta mis emociones, eso causa que el trayecto que suelo recorrer diariamente, mágicamente, se extienda por miles de kilómetros y me resulte ¡interminable!

Es que los estados de ánimo afectan nuestra actividad física, nuestras relaciones, nuestros trabajos, nuestros cuerpos, nuestra capacidad de disfrute.

Por eso si tu afectividad está pasando por cierta **aridez**, todas tus actividades parecieran que son impregnadas por ese estado.

Y cuando tu afectividad está **consolada**, entonces todo pareciera salirte más fácilmente, ¿verdad?

El problema es que tus metas dependan de estos vaivenes. Y en las metas queremos incluir lo vincular, lo económico, lo corporal.

Esta etapa de **canaletas** sirve para que perseveres y crezcas en lo afectivo.

Y lo más importante es que esta etapa es la oportunidad para poner a trabajar tus afectos en dirección de tus objetivos más destacados.

Porque lo peor que te puede pasar es que tu lado afectivo esté desordenado y reme hacia el lado **contrario** al cual quieres navegar.

Algunas personas parecieran tener a su peor enemigo dentro de sí mismas y boicotean así toda posibilidad de éxito en cualquier área.

Lo afectivo necesita estar alineado a tus objetivos, y esta idea no es fácil de llevar a la práctica, sobre todo cuando todavía desconocemos las raíces de nuestros estados afectivos.

Por eso en esta etapa de canaletas aprenderás a conocerte hasta la raíz de tus emociones.

Qué te mueve, qué te potencia, qué es lo que anhelas.

En esta etapa comienzas a notar también que los problemas afectivos, que venias arrastrando desde hace varios años, no son el producto de circunstancias exteriores sino de **cómo procesas** esas circunstancias en tu interior.

Esta es una diferencia de lo más importante y por eso te volvemos a repetir la idea:

Durante esta etapa descubres que tus problemas afectivos, tus heridas, tus inestabilidades, tus ansiedades, tus pánicos, tus preocupaciones, tus vacíos, tus soledades, son producto de **cómo procesas** interiormente las circunstancias exteriores de tu vida.

Es decir que si cambias interiormente tu forma de percibir, cambia también como consecuencia toda tu afectividad.

Descubrir esto es importantísimo, y esperamos que puedas notar esa importancia.

Te explicamos el por qué de esa importancia.

Cuando atribuyes a algo exterior la causa de tus estados de ánimo, no puedes hacer nada al respecto, eres víctima de esas circunstancias y como consecuencia eres esclavo de las situaciones exteriores.

En cambio cuando comienzas a tener **señorío** sobre tus emociones, más allá de las circunstancias externas, entonces comienzas a tener libertad de decidir cómo actuar y qué sentir, y así ganas terreno en tu interior.

En la primera parte de esta etapa de las canaletas se comienzan a pulir las cuestiones más exteriores de tu afectividad desordenada.

La etapa suele comenzar con cierta **desolación** a nivel del sentimiento.

Una desolación es el retiro de los consuelos sensibles.

Cuando los consuelos sensibles se retiran entonces es más difícil perseverar en cualquier objetivo que tengas.

Por ejemplo estar de buen humor con tu pareja cuando se retiran los consuelos sensibles no es fácil.

Seguir en un estudio universitario cuando se retiran los consuelos sensibles tampoco es tarea sencilla.

Perseverar en los pasos que hay que tomar para llevar a tu empresa a un nuevo nivel, cuando atraviesas desolaciones a nivel afectivo, es tarea de titanes.

Por eso ésta etapa es un laboratorio que te permite continuar en los objetivos que te propusiste cuando estabas **consolado**.

La mayor parte de las personas persiguen sus mayores metas cuando están consolados, y para cuando vienen las desolaciones entonces abandonan todo lo emprendido.

Otros toman grandes decisiones cuando están desolados porque intentan huir del malestar que le produce esa desolación, entonces se separan o divorcian, renuncian al trabajo, dejan a sus amigos, abandonan la oración o a su Iglesia.

¡Es justo cuando deberían permanecer **atornillados** a la decisión que tomaron cuando estaban consolados!

Por eso las desolaciones típicas del inicio de esta etapa son una oportunidad única para que aprendas a atravesarlas y así pegar un salto de gigante.

¡Pero hay un **desafío** mayor todavía!

No se trata solamente de atravesar las desolaciones y perseverar en las decisiones que habías tomado en un principio, sino que además tienes el desafío de intentar ponerle "al mal tiempo buena cara".

Por supuesto que al comenzar esta etapa todavía somos principiantes en este aspecto, y cuesta muchísimo sostener el buen ánimo cuando las circunstancias externas no nos acompañan de manera favorable.

Pero a medida que perseveres en un espacio de conocimiento de sí, y logres observar que sobre tus problemas afectivos tienes la libertad de pararte de manera diferente, entonces paso a paso irás ganando libertad y dominio sobre tus emociones.

¡Pero aquí viene la **maravilla o milagro** de esta etapa!

Comenzarás a notar que tienes **gracia** suficiente para dirigir tus emociones de la manera que decidas, en lugar de dejarte conducir por cualquier emoción tanto negativa como positiva.

Muchos se ponen eufóricos ante algo positivo o se deprimen ante una noticia negativa.

Así el **exterior** tiene "**poder**" sobre el **interior** y la persona va perdiendo libertad respecto de cómo quiere responder ante cualquier estímulo externo.

Entonces las desolaciones pasajeras son una **oportunidad** buenísima para fortalecer tu interior y no dejarte llevar por cualquier emoción.

Tienes **gracia** suficiente para reaccionar de la manera que quieras ante cualquier estímulo.

Frecuentemente hemos ido perdiendo esa libertad original por medio de secundar malos hábitos afectivos, o dirigidos por sistemas de creencias que permiten y aplauden que sintamos odio, rencor, celos, envidia.

Hay culturas que favorecen estos sentimientos e intentan vendernos que está bien sentirlos y secundarlos.

Algunos hasta llegan a decir que los **celos** son un buen síntoma en el amor. ¡Justo lo contrario! Los celos son señales de **desconfianza**, y ningún amor maduro puede crecer y fortalecerse cuando falta la confianza.

Otras culturas apoyan el **odio** a través del "ojo por ojo".

Pero nosotros sabemos que estos sentimientos son unas enfermedades interiores que nos invaden y que no nos permiten ser felices.

El odio, los celos, la desconfianza, la ira, el desgano, la ansiedad, la preocupación excesiva, son todas emociones que pueden generarte un primer movimiento en tu interior, pero no es bueno estar secundándolas y dejarte llevar por ellas.

Tienes la gracia de reaccionar como quieras.

Por más que ahora sientas mucho **odio** contra alguien, puedes manejar ese sentimiento si así lo decides.

Por más que ahora te aplaste la **tristeza**, puedes manejar ese sentimiento en el momento que vos así lo decidas.

Por más que ahora la **ansiedad** te carcoma desde adentro, puedes actuar y secundar otras emociones más positivas si así lo quisieras.

Por más que la **depresión** no te permita ver un futuro lleno de oportunidades para ser feliz, puedes cambiar esa percepción y esa emoción cuando así lo determines.

Por más que la **angustia**, por una situación vincular, de salud o económica te impidan en este momento ser feliz, puedes si así lo decides cambiar esos sentimientos y actuar de manera diferente en tu vida, más allá de los duelos lógicos y sanos que hay que atravesar ante la pérdida de alguien o algo querido.

Créenos que tienes todo el "**poder**" que quieras para domar estas emociones negativas.

¿Y sabes cómo se le llama a ese poder que está dentro de ti y que te permite cambiar estos estados de ánimo y estas emociones si recurres a él?

A ese "poder" se le llama "**gracia**".

La gracia es el poder que excede cualquier esfuerzo humano.

Que va mucho más allá de tus posibilidades lógicas.

Y que te permite lograr objetivos que no podrías alcanzar con tu esfuerzo personal.

La gracia trabaja aunada a la **Fe** y a la **Esperanza**.

Para recurrir a ella tienes que tener **Fe** de que existe y de que se aloja en tu mismísimo interior.

Tienes que tener también **Esperanza** de que, con pequeños pasos, lograrás ejercitarte en secundar esa gracia para vencer cualquier emoción negativa que por ahora te esclaviza.

Tal vez te suceda que tienes algunas **fobias sociales**, o temores de presentarte ante tal trabajo, o ante tal público.

Ese temor te priva de ejercer tus dones con libertad.

La gracia hace que puedas **vencer** esos temores.

Te aclaramos que aquí estamos hablando del temor enfermo, de aquel que no te permite moverte con libertad.

Hay otro tipo de temores que son más saludables.

Por ejemplo el temor a ofender a alguien que amas. ¡Ese es un temor sano!

Pero volviendo sobre los **miedos** enfermos...

Veamos juntos la historia de alguien que venció un temor profundo gracias a que secundó la **gracia** por la fe y la esperanza...

Una historia especial...

Es la historia de un rey de la antigüedad, varios siglos antes de Cristo, llamado **David**.

Veamos qué dice el relato bíblico con aclaraciones propias en letra cursiva.

Primer Libro de Samuel, Capítulo 17

Los filisteos reunieron sus fuerzas para el combate...

*Los Filisteos eran los **enemigos** de los Isrealitas y venían seguido a presentarle batalla.*

También Saúl y los hombres de Israel se reunieron y acamparon en el valle del Terebinto, y se dispusieron en orden de batalla frente a los filisteos.

***Saúl** era el primer rey de Israel, al que David luego suplantará.*

Estos filisteos estaban apostados en un monte, y los israelitas en el del lado opuesto, con el valle de por medio.

Entonces salió del campo filisteo un luchador llamado **Goliat**, de Gat, que medía casi ¡tres metros de altura!

Llevaba en la cabeza un casco de bronce e iba cubierto con una coraza escamada, también de bronce, que pesaba más de medio quintal *(25 kilos aproximadamente).*

Tenía unas canilleras de bronce en las piernas y una jabalina de bronce a la espalda.

El asta de su lanza era gruesa como el palo de un telar y el hierro de la punta pesaba unos seis kilos. Su escudero iba delante de él.

Goliat se detuvo y gritó a las filas de Israel:

«¿Para qué salen a presentar batalla?

¿No soy yo el filisteo y ustedes los esclavos de Saúl?

Elijan a un hombre, y que baje a enfrentarme.

Si él es capaz de combatir conmigo y me derrota, **seremos esclavos** de ustedes.

Pero si yo puedo más que él y lo derroto, ustedes **serán nuestros esclavos** y nos servirán».

Es interesante que empieces a cuestionarte si eres esclavo de algo o de alguien: emociones, situaciones, trabajos, ambientes sociales, pareja, familia, del qué dirán, de la ropa, de tu cuerpo...

Y Goliat añadió:

«Hoy lanzo un **desafío** a las filas de Israel. Preséntenme un hombre y nos batiremos en duelo».

Saúl y todo Israel, al oír estas palabras de Goliat, quedaron **espantados** y sintieron un gran **temor**.

Pánico y temor, sentimientos típicos de aquel que le falta fe y esperanza.

David estaba lejos del frente de batalla en ese momento, pero veamos qué dice el relato sobre él.

David era hijo de un hombre de **Belén**, llamado Jesé, que tenía ocho hijos.

En tiempos de Saúl (*primer rey de Israel*), Jesé era ya un hombre viejo, de edad avanzada, y sus tres hijos mayores habían ido a la guerra detrás de Saúl.

David era el **más pequeño**. Los tres mayores habían seguido a Saúl, mientras que David solía ir al campamento de Saúl y luego volvía a Belén, para apacentar el rebaño de su padre.

Mientras tanto, Goliat se adelantaba por la mañana y por la tarde, y así se presentó durante cuarenta días.

Jesé dijo a su hijo David:

«Toma esta bolsa de grano tostado y estos diez panes, y corre a llevárselos a tus hermanos al campamento.

Estos diez quesos se los entregarás al comandante. Fíjate bien cómo están tus hermanos y trae algo de ellos como prenda.

Saúl está con ellos y con todos los hombres de Israel en el valle del Terebinto, combatiendo contra los filisteos».

David se levantó de madrugada, dejó el rebaño al cuidado de un guardián y partió con su carga, como se lo había mandado su padre Jesé.

Cuando llegó al cerco del campamento, el ejército avanzaba en orden de batalla, lanzando el grito de guerra.

Israelitas y filisteos se alinearon frente a frente.

Entonces David dejó las cosas que traía en manos del encargado del equipaje, corrió hacia las filas y fue a saludar a sus hermanos.

Mientras estaba hablando con ellos, subió del frente filisteo el luchador llamado Goliat. Pronunció las mismas palabras, y David lo escuchó.

Todos los israelitas, apenas vieron al hombre, **huyeron despavoridos** delante de él.

Un hombre de Israel dijo:

«¿Han visto a ese hombre que sube? ¡El viene a desafiar a Israel!

Al que lo derrote, el rey lo colmará de riquezas, le dará su hija como esposa y eximirá de impuestos a su casa paterna en Israel».

¡El día que venzas tus temores y seas dócil a la gracia obtendrás regalos semejantes¡

David preguntó a los hombres que estaban con él:

«¿Qué le harán al hombre que derrote a ese filisteo y ponga a salvo el honor de Israel? Porque ¿quién es ese filisteo incircunciso para desafiar a las huestes del Dios viviente?».

La gente le repitió lo mismo:

«Al que lo derrote le harán tal y tal cosa».

Pero Eliab, su **hermano mayor**, al oírlo hablar así con esos hombres, se irritó contra él y exclamó:

«¿Para qué has bajado aquí?

¿Y con quién has dejado esas pocas ovejas en el desierto?

Ya sé que eres un atrevido y un **mal intencionado**: ¡tú has bajado para ver la batalla!».

Como adviertes, hay veces, no siempre, que alguien de tu familia, o cercano a vos, puede colocarse como un obstáculo cuando quieras secundar la gracia de la virtud en grado heroico.

Puede haber personas que desconozcan o malinterpreten tus intenciones.

O tal vez puede haber pares que te envidien.

Pero vos podés quejarte por eso y focalizar en lo negativo o podés seguir adelante.

Veamos qué hizo David...

David replicó: «Pero ¿qué he hecho?».

En seguida se apartó de él y, dirigiéndose a otro, le hizo la misma pregunta. Y la gente le respondió lo mismo que antes.

Los que habían oído las palabras que dijo David se las comunicaron a Saúl *(el Rey)*, y este lo mandó llamar.

David dijo a Saúl:

«No hay que **desanimarse** a causa de ese; tu servidor irá a luchar contra Goliat».

Pero Saúl respondió a David:

«Tú no puedes batirte con ese filisteo, porque no eres más que un **muchacho**, y él es un hombre de guerra desde su juventud».

También te puedes encontrar con ambientes sociales o creencias limitantes que sean obstáculos en tu camino.

Puede haber personas que desconfíen de tus capacidades por tu juventud, por tu aspecto físico, por tu edad avanzada, por tu etnia, por tu país de origen, etc.

Veamos qué hizo David para salir adelante...

David dijo a Saúl:

«Tu servidor apacienta el rebaño de su padre, y siempre que viene un león o un oso y se lleva una oveja del rebaño yo lo persigo, lo golpeo y se la arranco de la boca; y si él me ataca, yo lo agarro por la quijada y lo mato a golpes.

Así he matado leones y osos, y ese Goliat será como uno de ellos, porque ha desafiado a las huestes del Dios viviente».

Y David añadió:

«El Señor, que me ha librado de las garras del león y del oso, también me librará de la mano de ese filisteo».

*David recurre a una estrategia fantástica: comienza a extraer de su pasado los **triunfos** de su historia. Esos **recuerdos** que lo potencian, que le otorgan fuerza en su presente.*

Otras personas hacen justamente ¡lo contrario!

*Buscan en su pasado todos los **fracasos** y luego se preguntan: ¿por qué tengo miedo de enfrentar esta situación? ¿Por qué tengo una autoestima baja?*

Entonces Saúl dijo a David: «Ve, y que el Señor esté contigo».

Notarás que David era pequeño, pero no así su fe y su esperanza. Por eso la fe y la esperanza siempre acompañan el ejercicio del poder llamado "gracia" que llevamos adentro.

Saúl vistió a David con su propia indumentaria, le puso en la cabeza un casco de bronce y lo cubrió con una coraza.

Después, David se ciñó la espada de Saúl por encima de su indumentaria, e hizo un **esfuerzo** para poder **caminar**, porque no estaba entrenado.

Entonces David dijo a Saúl:

«No puedo caminar con todas estas cosas porque no estoy entrenado».

Y David se las quitó.

Hay veces que nos proponen técnicas o situaciones para triunfar que están fuera de nuestro alcance.

Nosotros queremos decirte que hoy tienes todo lo necesario para lograr tus victorias...

Luego tomó en la mano su bastón, eligió en el torrente **cinco piedras** bien lisas, las puso en su bolsa de pastor, en la mochila, y con la honda en la mano avanzó hacia Goliat.

Goliat se fue acercando poco a poco a David, precedido de su escudero.

Y al fijar sus ojos en David, Goliat lo despreció, porque vio que era apenas un **muchacho**, de tez clara y de buena presencia.

Entonces dijo a David:

«¿Soy yo un perro para que vengas a mí armado de palos?»

Y maldijo a David invocando a sus dioses.

Como decíamos antes, tal vez encuentres en tu camino a alguien que no va a creer en vos en algunos momentos de tu historia, porque sos muy joven o muy viejo o muy alto o muy flaco o poco instruido o de una familia tal o de tal país o de tal provincia o por tu aspecto o por tu...

...o tal vez al Goliat lo lleves ¡adentro tuyo!

Luego Goliat le dijo:

«Ven aquí, y daré tu carne a los pájaros del cielo y a los animales del campo».

David replicó al filisteo:

«Tú avanzas contra mí armado de espada, lanza y jabalina, pero yo voy hacia ti en el nombre del **Señor de los ejércitos**, el Dios de las huestes de Israel, a quien tú has desafiado.

Hoy mismo el Señor te entregará en mis manos; yo te derrotaré, te cortaré la cabeza, y daré tu cadáver y los cadáveres del ejército filisteo a los pájaros del cielo y a los animales del campo. Así toda la tierra sabrá que hay un Dios para Israel.

Y toda esta asamblea reconocerá que **el Señor da la victoria sin espada ni lanza**. Porque esta es una guerra del Señor, y él los entregará en nuestras manos».

¿Leíste bien?: ¡¡¡ El Señor da la victoria sin espada ni lanza!!!

Cuando Goliat se puso en movimiento y se acercó cada vez más para enfrentar a David, este enfiló velozmente en dirección al filisteo.

En seguida se metió la mano en su bolsa, sacó de ella una piedra y la arrojó con la honda, hiriendo al filisteo en la frente. La piedra se le clavó en la frente, y él cayó de bruces contra el suelo.

Así venció David al filisteo con la honda y una piedra; le asestó un golpe mortal, sin tener una espada en su mano.

Al ver que su héroe estaba muerto, los filisteos huyeron.

Como ves, a David no le faltaba coraje para enfrentar a semejante gigante.

Hoy tal vez vos tengas algunos gigantes en tu interior para vencer.

La noticia que te queremos dar hoy es que tienes todo lo necesario para vencer a cualquier Goliat interior llamado: mal humor, depresión, ansiedad, ira, rencor, celos, angustia, miedo.

Y la etapa de las canaletas es especial para crecer en fe y en esperanza, recurriendo así a la gracia interior que te hace vencer cualquier estado de ánimo negativo cuando secundas esa gracia.

Diferente sería si todo dependiera de tu esfuerzo personal.

En esta etapa descubres que puedes mucho más de lo imaginable si recurres a la gracia, a ese poder que se encuentra en tu interior.

Pero para eso tendrás que abandonar la soberbia que nos vende pensar que nosotros estamos solos ante estas situaciones.

Es decir que se trata más de **secundar** un poder que llevas dentro que de confiar en tus propias fuerzas.

A su vez se trata más de **abandono** a esa gracia, más que a la capacidad de generar virtudes sólo con tu esfuerzo personal.

Si te ejercitas en algo, seguramente crecerás hasta cierto límite, y esto es muy bueno.

Pero en esta etapa, descubres que si recurres a la gracia, ese límite se expande más allá de toda lógica, y vencerás estados de ánimo y emociones negativas que habías pensado que nunca vencerías.

Pero antes de continuar déjanos preguntarte por tus Goliat interiores.

¿Te atreves a anotarlos en tu diario?

¿Cuáles son esos estados de ánimo o emociones negativas que se repiten en tu vida?

Sabemos que tienen lógica, es decir que si te preguntamos por qué te sentís de vez en cuando así, vos tendrás una serie de **justificaciones lógicas** para explicarnos el por qué de esas emociones.

Nos dirás que tal persona o que cierta situación te hicieron tal cosa, o que en el trabajo te pasó tal otra, o que en tu país...

Son pretextos lógicos y creíbles, pero lo cierto es que esa lógica trabaja a favor de que esos estados de ánimo negativos o esas emociones se instalen en tu interior y hagan en él su morada.

¡¡¡Nosotros preferimos creer otra cosa!!!

Somos libres de escoger los estados de ánimo
habituales de nuestra vida, más allá de las
circunstancias externas.

Por eso ahora trata de identificar esos Goliat que hay en tu interior.

Anótalos en tu diario personal.

Luego nos volveremos a encontrar.

¡¡¡Bienvenido nuevamente!!!

Ahora que tienes algunos gigantes interiores, **nada amigables**, ya puedes identificar que ellos se han instalado en tu interior y que tienes el poder de **vencerlos** o de **darles de comer**. ¿Qué prefieres?

San Ignacio de Loyola decía que si ante estos gigantes nos **achicamos** y nos acobardamos, entonces **ellos crecen** y nos hacen sus esclavos.

En cambio cuando **recurrimos a la gracia** y los enfrentamos, entonces ellos disminuyen y **desaparecen**.

Está en vos decidir qué hacer.

¡¡¡Ahora no tienes excusas!!!

Siendo héroes...

Si te quedan dudas, déjanos contarte un poco más sobre esta etapa de las canaletas en el área de las emociones.

Focalizaremos ahora en lo referente a la segunda parte de esta etapa, que es para aquellos valientes que se atrevieron a dar pasos.

En la segunda parte de esta etapa suele suceder que te pones más "experimentado" sobre cómo secundar la gracia.

Por eso suele suceder que creces en **docilidad**, y con ello también crece tu fe y tu esperanza más y más.

Ante este crecimiento puedes colocarte en situación de ejercitar las virtudes emocionales con mayor grado de heroísmo.

¿Pero qué significa esto de **virtud en grado heroico**?

Por ejemplo estar feliz más allá de que alguien, quien sea importante para vos, te critique, es algo fuera de lo común, ¿verdad?

Estar contento y agradecido, aún en un momento de desempleo o de crisis económica es también fuera de lo común.

A esto le llamamos virtud en grado heroico.

Es decir que es una gracia llamada "**Bienaventuranza**" que es el fruto sensible del ejercicio de la docilidad a la gracia.

El bienaventurado va preparando así su alma para la última de las etapas a nivel de las emociones, que dentro de la espiritualidad clásica se llama la "unión transformante", y que nosotros llamamos la "**lluvia**".

El bienaventurado descubre que la felicidad, el buen humor, la alegría, la esperanza, son todas emociones que surgen de su interior y que no están atadas a circunstancias exteriores sino que se pueden generar en el momento que uno quiera recurrir a ese poder interior llamado gracia.

Por eso durante esta última parte de la etapa de las canaletas comenzarás a sorprenderte ante tu respuesta a situaciones negativas con virtudes emocionales de alegría, de alabanza, de agradecimiento, que antes no tenías o que desconocías que llevabas dentro.

Esto te anonadará y te hará más humilde, porque reconocerás que es la gracia, es decir que es un **regalo**, y que no es fruto de tu esfuerzo personal sino de secundar ese regalo.

Pero todavía en esta etapa de canaletas, si bien se va construyendo la arquitectura de secundar la gracia con mayor frecuencia, por momentos tal vez te olvides de éste ejercicio y sucumbas ante los gigantes interiores.

Es así que tal vez vuelvas a momentos de depresión, ansiedad, temor, o preocupación.

Cuando uno vuelve para atrás, suele surgir una gran **tentación** de **fracaso** y **desesperanza**.

Hay veces que uno se siente **peor que antes** porque ahora conoce que tiene libertad para cambiar esos estados de ánimo pero por momentos se rebela y no recurre al poder que lleva dentro.

El ser humano es increíble, hay veces que nos rebelamos ¡ante lo que nos hace bien!

Estas **rebeldías** son signos de que todavía el interior no está como para pasar a la siguiente etapa.

Un interior humilde es el que seguirá adelante.

Si no te rebelas y secundas con empeño al poder que llevas adentro, vencerás cualquier enemigo interior.

Tal vez te suceda que te enojas con alguna persona o con alguna situación en particular y te niegas a recurrir a la gracia de la alegría y de la alabanza.

Ésta rebeldía te aleja de la gracia.

Por eso si ahora sientes algunas de estas emociones negativas y las secundas, al menos sabrás que es tu propia elección libre la que escoge vivir en la "**desgracia**", es decir sin la gracia.

Por el contrario, si quieres, puedes cambiar ese enojo en gozo.

Para ejercitarte en el discernimiento, queremos invitarte a meditar cuáles frutos hay actualmente en tu interior.

Así aprenderás a discernir si estas secundando la gracia o si estas secundando la desgracia.

Por los frutos reconocerás a quién estás secundando.

Intenta anotar cuáles frutos quedaron en vos luego de haber leído estas últimas páginas.

¿Cuáles ideas calaron más hondo?

Para aprender a hacer este ejercicio, te proponemos lo siguiente...

APRENDIENDO A DISCERNIR...

Hay una regla bíblica que te pueda ayudar, seas o no creyente, para **discernir** qué está pasando con tu interior.

San Pablo, en uno de sus escritos, enumera los frutos que provienen de haber secundado al "**Buen Espíritu**", es decir a las mociones que te llevan hacia la libertad, hacia la alegría, hacia la esperanza, hacia el amor.

Esos frutos son fantásticos de experimentar en tu interior.

En cualquier momento puedes experimentarlos si te dispones a ello.

Veamos cuáles son esos frutos...

Los frutos del Buen Espíritu son, y presta atención a cada uno de ellos:

Amor, Gozo, Paz, Tolerancia, Benignidad, Bondad, Fe, Mansedumbre y Templanza.

San Pablo, agregaría: contra tales frutos no hay ningún Goliat que te pueda ¡¡¡vencer!!!

Qué distintos son estos frutos a los del "**mal espíritu**" como: la ira, el enojo, la ansiedad, la depresión, los celos, la envidia, la asedia, la gula.

Y vos, ¿a quién estás siguiendo?

Una vez que hayas logrado crecer en docilidad a la gracia, entonces estarás preparado para avanzar a la siguiente etapa que es como estar en el **cielo** aquí en la **tierra**.

Por eso quédate meditando qué emociones y estados de ánimos estás alimentando en tu vida, y luego nos volveremos a encontrar en el siguiente capítulo, ¿te parece?, en donde trabajaremos el tema vincular en la etapa de las canaletas.

¡¡¡Viví tu vida con plenitud!!!

Canaletas (segunda parte)

¡Hola! ¡Bienvenido nuevamente!

Ahora volveremos a **zambullirnos** dentro del área Afectivo vincular pero en la segunda gran etapa de las "canaletas", que ya habíamos visto desde el tema de tus estados de ánimo y las emociones, pero que ahora la abordaremos desde el tema de tus **vínculos**.

Tu vida relacional es un termómetro de cómo estas.

Con mucho esfuerzo y perseverancia puedes llegar hasta la etapa anterior y lograr mantener relaciones, dentro de todo, sanas.

Pero ese gran esfuerzo llega a un **límite**, y te puede hacer alcanzar cierto **techo** que luego se transformará en **mediocridad** si no estás atento.

No seguir creciendo en un vínculo es sinónimo de **mediocridad**.

Los vínculos son algo **vivo**.

Y todo ser viviente si no crece es porque tiene algún problema.

Por eso llegar hasta la etapa anterior es muy bueno, pero es mejor todavía intentar seguir creciendo.

Pero para lograrlo tendrás que primero conocerte más a vos mismo.

¿Por qué te decimos esto?

Los seres humanos solemos colocar la causa de nuestros problemas vinculares en las otras personas o en situaciones externas.

Son muy pocos los que logran observar con humildad y sencillez las imperfecciones interiores que no les permiten escalar a un nuevo nivel en lo vincular.

Tus relaciones vinculares siempre tienen que ver con algo de tu interioridad.

Por eso conocerte a vos mismo es fundamental para dar pasos.

Hay personas que van por el séptimo divorcio y le siguen echando la culpa a la mala suerte de no encontrar a la persona justa para ellas.

Son los que no aceptan que parte de las dificultades vinculares tienen raíces en su propia interioridad, más no sea por la ceguera a la hora de ¡escoger una pareja!

Pero lo peor que te puede suceder es que no tengas grandes dificultades vinculares y te contentes con como estas sin aspirar a mejorar las relaciones con los demás.

El enemigo de lo mejor no es lo peor, sino
lo que es bueno, lo que es medianamente
pasable o lo que es soportable.

Hay parejas que no duermen en la misma cama hace años, pero dicen; "bueno al menos no nos tiramos con los platos".

Hay relaciones de padres con hijos que sólo se juntan para Navidad o Pascua, "pero bueno, al menos no estamos muy enojados unos con otros".

Hay relaciones con parientes políticos que si bien no terminan en grandes discusiones y heridas, intentan juntarse lo menos posible porque no se soportan.

Hay relaciones laborales que dan lástima, no porque hubiera violencia u odio entre ambos, sino porque sólo se busca interactuar lo mínimo posible.

Así vamos de relación en relación sin grandes males pero tampoco sin crecer en ninguna en particular.

Por eso esta etapa te enfrenta por un lado con tus propias limitaciones y por otro te enfrenta con tu interior, que es el **horno** desde donde salen los frutos de tus relaciones.

Dos grandes momentos...

Hay dos grandes momentos en esta etapa de las canaletas a nivel vincular.

El **primer momento** te hace intuir que con sólo tus propios esfuerzos no alcanza para mejorar en lo vincular en general.

Esta intuición te seduce porque viene en forma de pregunta:

"Si con mi esfuerzo no alcanza, entonces ¿qué hago?"

Es justamente la pregunta disparadora que necesitas para descubrir que la clave está en tu interior y no tanto en el esfuerzo que pongas para mejorar la pareja, o la relación con hijos o padres, o la relación laboral con jefes o empleados, o las relaciones sociales.

En tu interior está la clave, y tendrás que ir hasta allí para descubrir de qué manera se manifiesta.

En este **primer momento** descubres dos cosas particulares.

1) Por un lado comienzas a ver tus **miserias** con mayor **claridad**.

Sabes que tu orgullo o vanidad hizo que deterioraras o perjudicaras alguna que otra relación.

Este saber no te será del todo agradable porque a nadie le gusta ver con mayor claridad sus manchas.

Por eso tal vez quieras rechazarlo y quieras volver para atrás en donde era más fácil echar culpas hacia afuera.

Pero si no vuelves para atrás y te animas a bucear en tu interior, entonces comenzarás a reconocer también los **dones** que llevas adentro.

2) Entonces por otro lado comienzas a ver tus **dones** con mayor **claridad.**

Hay tesoros hermosos justo allí, al lado de las miserias.

Cuando te atrevas a observar los unos, también aparecen los otros.

Trigo y **cizaña** creciendo al mismo tiempo.

Si rechazas a unos, también te pierdes de conocer a los otros.

Es por eso que si te animas a introducirte en tu mundo interior también estarás en condiciones de reconocer tus dones y carismas respecto de tu relación con los demás.

Veamos algunos ejemplos...

Puedes ver con mayor claridad que tienes vocación para escuchar a otros, es decir, para prestarles tu oreja, y este es un don muy necesario para las personas.

O tal vez reconoces que tienes el don de la alegría para animar a otros.

O el don del consejo, para tener el gesto o la palabra oportuna ante una situación crítica.

O tal vez tienes el don de entusiasmar a otros con objetivos encumbrados.

O tal vez tienes el don de acompañar en el dolor a otros a través de tu empatía.

O tal vez tienes el don de ser mistagogo, es decir de ser pedagogo o maestro de la vida espiritual.

O tal vez tienes el don de enseñar.

O tal vez tienes el don de conducir equipos.

Es por eso que descubrir tus dones es tan importante como conocer tus miserias.

A los dones habrá que secundarlos. A las miserias habrá que extirparlas una vez que cuentes con las herramientas adecuadas para hacerlo.

Pero unos y otros sólo se conocen si te metes para adentro y te conoces a vos mismo.

Crecer en lo vincular significa adentrarte en tu espacio interior y animarte a encontrar lo que haya que encontrar allí.

Una vez que perseveres en mantener un espacio de meditación y de intimidad diaria, entonces comenzarás a notar un mayor conocimiento de vos mismo.

Este primer momento de las canaletas está atravesado por el enfrentamiento con el conocimiento propio, y es desde allí que ahora puedes comenzar a trabajar para poder crecer en lo vincular.

Es que cuando sabes que arruinaste más de un vínculo por tu soberbia, o por las formas que tienes de decir las cosas, o por los modos de comunicación enferma que arrastras tal vez desde tu familia de origen o de tu cultura social, entonces ese conocimiento te permite actuar de manera diferente.

Veamos un ejemplo…

Tal vez tienes razones para **corregir** a alguien que quieres por algunos de sus defectos.

Y tus razones están ancladas en razonamientos lógicos y coherentes sobre sus imperfecciones.

A su vez también tienes seguramente un sistema de creencias que avalan que le digas en la cara a esa persona todo lo que sabes sobre sus miserias.

Pero en esta etapa comienzas a intuir que si bien hay lógica en todo ello, de cualquier manera no es el momento oportuno, o no es la forma oportuna, para corregir a esa persona.

Pareciera que tu alma necesita otra forma de actuar por más que tengas razón en todo ello.

Te das cuenta por momentos que esa intuición te lleva a actuar de manera opuesta aún en las mismas circunstancias que en otro momento hubieras actuado diferente.

Es que tus **hábitos comunicacionales** ahora se comienzan a enfrentar con otra fuerza mucho más poderosa que la **lógica**.

Es la **gracia** que te empuja a actuar de manera aparentemente ¡**ilógica**!

Es un conocimiento más bien **neumático** y no tan lógico.

Por "neumático" entendemos al conocimiento que te da el espíritu de la gracia que te empuja hacia el bien y hacia la paz.

Neuma significa espíritu en griego.

Si te dejas conducir por la gracia, actuarás de manera diferente a lo que la lógica te hubiera propuesto, y como consecuencia de ello los frutos serán totalmente diferentes.

Un ejemplo personal...

Nos ha pasado que, como pareja, hemos tenido la tentación de corregirnos uno al otro en numerosas oportunidades.

Teníamos criterios bien lógicos del por qué queríamos decirle de frente algún error que había cometido o de algún daño que el otro había causado en nuestro interior.

Teníamos razones más que suficientes para hacerlo.

Sin embargo algo en nuestro interior nos tiraba para experimentar una forma de actuar totalmente diferente y esa gracia nos empujaba a quedarnos ¡¡¡callados!!!

Esa intuición giraba alrededor de que notábamos que esa corrección brotaba de nuestra más profunda **soberbia**, y que si nos callábamos experimentaríamos la mayor **medicina** para nuestra alma soberbia...

¿Cuál?

¡¡¡El silencio ante la imperfección del otro!!!

¡Te darás cuenta que esa forma de actuar produce frutos diametralmente opuestos en nuestra relación de pareja!

De cualquier manera en esta etapa, como es el principio de este nuevo conocimiento, todavía no está arraigada la docilidad a esa gracia y tal vez **vuelvas** a tus hábitos enfermos habituales de ser quejoso y criticón.

Perdón no queremos ofenderte, fue sólo una ¡proyección de nuestras propias imperfecciones!

Más allá de la broma, es durante esta etapa, que sucede que tal vez notes que tu alma va y viene una y otra vez en el desarrollo de la virtud de la docilidad a la gracia, y en otros momentos vuelvas a tus hábitos enfermos arraigados por los años, por tu cultura familiar, o por tu cultura social.

Es una constante ida y venida.

Por momento te **rebelas** a la gracia, y no quieres hacer lo que te propone esa fuerza interior que es buscar la paz, o el bien, o la mansedumbre, o que te propone buscar las virtudes en los otros, o que te propone observar en qué son mejores los otros que vos mismo.

Y por momentos **secundas** la gracia y obtienes frutos totalmente diferentes en tus relaciones cotidianas.

Notarás que durante las canaletas irás construyendo un edificio vincular que tiene cimientos totalmente diferentes que los que venías construyendo a lo largo de la etapa de "sacar agua del pozo".

Aquí lo que vale es ser **dócil** a lo que la gracia te propone. Frecuentemente es ir en contra de tus hábitos comunicacionales tradicionales.

Entonces comienzas a construir una manera de vincularte que tiene como directriz a la gracia y no a los razonamientos lógicos o a cualquier estado de ánimo o emoción pasajera.

Es desde aquí que los vínculos comienzan a parecer nuevos al lado de los que venías sosteniendo a los largo de las etapas anteriores.

Pero como todavía en esta etapa estas en una **adolescencia** interior, por un lado tienes actitudes de **héroe** en lo vincular, y unos segundos más tarde vuelves a las **pavadas** habituales que embarran todo lo edificado en los días previos.

¡No te preocupes, no eres original, todos somos así!

Por eso los frutos todavía no son del todo duraderos o tan extraordinarios.

A su vez, como comienzas a notar que parte de las dificultades más llamativas en materia vincular son causadas por tus propias miserias interiores, entonces esta observación te causará cierto malestar que podría terminar induciéndote a irradiar ese malestar hacia los cuatro vientos.

Crecer en lo vincular y **arruinar** las relaciones minutos más tarde, parecieran ser contradicciones, pero esto es lo que suele pasar durante la **adolescencia**.

Ejercicio...

Por eso ahora es tiempo de evaluar tus vínculos.

Te acordará que hemos hecho algunas planillas en donde veías cuáles eran tus vínculos más importantes y también en donde veías qué frecuencia de encuentros querías tener con cada persona en particular.

Ahora será el tiempo de mejorar esos encuentros.

Es el momento de notar esta gracia interior que te propone escalar a un nuevo nivel de relación con los demás.

Es el tiempo de no dejarte llevar por los sentimientos o pensamientos pasajeros sino por la gracia.

Tal vez tengas algunas tendencias negativas arraigadas que son difíciles de extirpar.

Por ejemplo tal vez tengas el hábito de enojarte fácilmente, o de hablar de más, o de marcar el defecto del otro, o hablar por sobre la voz y la palabra del otro; O tal vez tengas la tendencia a ser posesivo sobre el otro, o demasiado necesitado de él o de ella.

Fíjate si puedes intentar por unos días seguir la **tendencia contraria** a tus hábitos cotidianos.

Es decir que si eres de hablar mucho, entonces ¡¡¡cállate!!!

Si eres de estar corrigiendo a tu esposa/o, a tus hijos, a tus padres, entonces ¡¡¡no los corrijas por unos días!!!

Inténtalo, y observa a ver si el mundo se acaba o continúa más allá de que vos corrijas o no a tus seres cercanos.

La idea es que puedas **anotar** en qué momentos vas a intentar actuar de manera contraria a tu habitualidad.

Por ejemplo:

Al volver del trabajo.

Cuando sales a comer afuera.

Cuando te encuentres en un cumpleaños con tu familia política.

Durante el trabajo, en la próxima mañana con tu jefe o tu empleado.

Es indispensable que anotes cuándo lo vas a intentar y no que quede en una "**linda idea**" por hacer pero que nunca lleves a la práctica.

Es muy importante que vos decidas cuándo vas a aplicar algo de lo que estas aprendiendo y no que la vida te lleve a cualquier parte sin que vos decidas.

Una vez que escribas cuándo vas a probar una nueva forma de relacionarte con aquellos que te rodean, entonces nos volvemos a encontrar...

¡¡¡Bienvenido nuevamente!!!

El **segundo momento** de esta etapa de las canaletas es todavía un desafío aún mayor.

Cambiar hábitos es una tarea difícil pero con cierta docilidad se pueden conseguir esos cambios.

Lo máximo que te puede pasar es que te rebeles, y que no lo intentes más, y que vuelvas a tus imperfecciones vinculares más comunes.

Pero si realmente quieres crecer hasta un nuevo nivel en tus relaciones, entonces presta atención a lo que sucede si perseveras.

En esta segunda parte de las canaletas hay un gran salto interior porque el exterior suele coincidir para que las circunstancias exteriores colaboren para que tus virtudes interiores puedan ejercerse hasta el grado heroico.

¿Difícil de entender esto que te dijimos?

Hagámoslo más sencillo.

Por tu propia cuenta nunca elegirías que alguien te critique o que alguien a quien amas no te elija o te abandone ¿verdad?

Pero durante esta etapa, cuando suceden este tipo de circunstancias, hay una oportunidad única para que aprendas a estar feliz más allá de las circunstancias externas que te empujan hacia un tipo de respuesta negativa.

Aquí es el momento de ejercer la virtud en grado heroico, es decir de no querer el mal hacia alguien que te rechaza o de no continuar resentido con aquel que te ofendió.

Pero no se trata solamente de intentar estar bien, sino que descubres que tienes una gracia interior para estar bien más allá que lo exterior hable de lo contrario.

Por eso te anonadas al notar que esa gracia no te pertenece.

Puedes darte cuenta que ese es un regalo que llevas en el interior y que si fuera por vos reaccionarías de manera negativa ante estas dificultades vinculares.

Si intentas recordar otras situaciones parecidas en tu pasado, puedes observar que ante situaciones similares tal vez te llenabas de odio, de angustia, o de depresión, pero en esta etapa puedes responder de otra manera totalmente diferente, y eso te sorprende y te maravilla.

No puedes dejar de descubrir a Dios detrás de esa gracia especial que se llama "**bienaventuranza**" y que te permite reaccionar de manera extraordinariamente plena aún en momentos de conflictos y problemas externos.

Cayéndote de las alturas...

Pero todavía durante esta etapa vuelves una y otra vez para atrás.

Es decir que vuelves a los estados habituales negativos como por ejemplo:

La tristeza ante la crítica de los otros.

O la alegría ante la alabanza de los otros.

O la felicidad ante la aprobación de los otros.

Es decir que experimentas la bienaventuranza por unos **instantes** pero todavía no puedes sostenerla como un **estado estable**.

Hay veces que el haber conocido la bienaventuranza pareciera ser peor que no haberla experimentado.

Es que volver para atrás te puede sepultar en una desolación difícil de digerir y atravesar.

Por un minuto conociste el Cielo, y segundos más tarde vuelves a la vida cotidiana que tal vez no sea un infierno pero tampoco es tan plena como cuando lograste percibir el Cielo.

Por momentos pareciera que caes en un abismo incapaz de traspasarse.

Y así vas penando de lado a lado.

Realmente esta etapa es muy difícil de atravesar y también de explicar.

Sería más lógico decir que vas **creciendo sin sobresaltos** hasta la meta de la libertad en la última etapa de la lluvia, pero lo cierto es, que si bien es lógico decirlo, en la práctica no sucede así.

De cualquier manera esta etapa es una de las más claves, porque si logras sobreponerte a estas tempestades, entonces estarás preparado para el momento y la época más hermosa de tu vida.

Tus vínculos cobrarán una nueva dimensión y estarás listo para la etapa más fecunda de tu historia.

¡Por eso, cueste lo que cueste, vale la pena que perseveres!

¿Realmente quieres vivir esta vida como si estuvieras en el **paraíso**?

Entonces continúa creciendo sin cansarte hasta el máximo de tus potencialidades.

Relacionándote con vos mismo...

Pero antes de pasar a la siguiente etapa, déjanos también describir algo de lo que sucede en el vínculo con vos mismo.

Es una relación rara la que tenemos con nosotros mismos.

Por un lado queremos crecer en el amor y la armonía con los otros pero frecuentemente nos llevamos mal con nosotros mismos.

Si no creces en el amor a vos mismo no crecerás en el amor a los otros.

No se trata de ser **hedonista** o de amarte soberbiamente, sino de tener una **autoestima sana**, es decir de aceptarte, amarte y mimarte.

Es también la posibilidad de conocerte tanto que admires las riquezas que llevas dentro.

Desde este lugar es más fácil amar a los otros.

En cambio cuando estas lleno de complejos, de resentimientos hacia vos mismo, de reproches, de desconfianzas con tus propias capacidades, o de odios por acciones represibles que hiciste en el pasado, entonces desde aquí es imposible amar sanamente a otros y crecer en lo vincular.

Por eso es indispensable quererte bien.

Para lograrlo primero tendrás que reconocer que tienes ciertas tendencias o imperfecciones, que si bien se pueden cambiar, es bueno intentar amarte a pesar de ellas.

Es decir que el primer paso es **ACEPTARTE**.

Aceptarte así como eres.

Seguramente que intentarás cambiar y mejorar, pero hasta que esto suceda es importante aceptarte y quererte aún con las imperfecciones y miserias que llevas a cuestas.

Es decir que tienes que crecer en el **amor incondicional**, que es el más maduro de los amores.

¡Dios nos ama así!

Nosotros generalmente regateamos el amor y sólo nos amamos en la medida que cumplimos con las expectativas que tenemos como patrones de medida.

Pero el salto grande en lo vincular es cuando amamos incondicionalmente.

Y por eso la mejor forma de comenzar es por vos mismo.

Ejercicio...

Por eso ahora vamos a hacer un ejercicio, que en realidad es una oración que te ayudará a aceptarte y a crecer en el amor a tu propio ser.

Busca un lugar tranquilo donde nadie te interrumpa por unos minutos.

Siéntate y continúa leyendo pausadamente...

Céntrate en la respiración. Aspira e inspira de manera lenta.

Relaja tu frente y tus sienes.

Relaja la nuca y los hombros.

Siente que recorre una energía que te suaviza todos estos lugares donde se acumulan las tensiones y te dejas mimar por unos minutos.

Coloca los brazos a un costado y siente como los relajas.

También percibe tu pecho que suavemente acompaña el ejercicio de dulcificar cada movimiento.

Dentro de él los latidos del corazón te conducen a un ritmo armonioso de paz y disfrute.

Percibe también tu abdomen y tu cadera, relaja todos sus músculos.

Distingue tus apoyos, y abandónate a la experiencia sabiéndote amado o amada por el Creador del universo que en este momento te observa como estás allí sentado esperando recibir todo de Aquel que te creo.

Vamos a ir recorriendo hacia atrás tu historia como si fuera una película que corre al revés rápidamente, y alcanzas el momento de antes de nacer, y un poco más todavía.

Detente en el momento de **antes de ser engendrado** o engendrada.

Allí ya estabas en el **pensamiento** de Dios.

Tal vez no creas en Dios, pero **Él** ¡¡¡si **cree** en **vos**!!!, porque desde antes que nacieras ya estabas en su pensamiento y quería que nacieras para que embellezcas con tu presencia su creación.

Es que en el jardín de la creación cada flor otorga su parte para que todo sea hermoso.

Es como en una orquesta, cada instrumento aporta su melodía única para que en el conjunto la sinfonía suene de manera fantástica.

Allí estas vos con tu **melodía** personal.

¿Sabes? los antiguos hebreos sabían que cada persona tenía una melodía interior propia que Dios le había colocado en el alma.

A lo largo de los años creemos cada vez con mayor certeza en esta realidad. Cada uno de nosotros es único e irrepetible.

Y somos únicos en el cosmos.

Desde ese lugar estás allí sentado esperando ser observado por Aquel que te amó aún antes de que nacieras.

Y por Aquel que te hizo único.

Sin vos, el universo sería distinto.

Le otorgas algo especial a la orquesta total.

Por eso, ama esa parte de vos que te hace único y que espera que potencies al máximo tus capacidades.

Ama esa **originalidad** que llevas dentro y que tal vez todavía ni vos mismo conoces del todo.

Para eso has nacido. Para ofrecer lo de original que tienes en ti.

Por eso ama ese **tesoro** que llevas dentro, porque cuando lo ames con toda tu fuerza, y lo pongas en juego al servicio, la retribución será ¡¡¡inmensa!!!

Porque todo el universo espera esa parte de vos que lo embellece.

Y una vez que expongas este **tesoro** que llevas dentro, todos podrán también enamorarse y amar tu interior, porque reconocerán que los edificas también a ellos.

¿Pero dónde está este **tesoro**?

Allí donde están tus **mayores deseos**.

A esos deseos habrá que pulirlos, habrá que podarlos, habrá que embellecerlos, pero en ellos está escondido tu **tesoro**.

Y habrá que podarlos porque tal vez se le han pegado a lo largo de los años otros deseos aparentes, fruto de heridas pasadas, o de temores, o de soledades, o de vacíos, y que opacan al deseo original.

Es que el corazón humano tiende indudablemente hacia aquello para lo que fue creado.

Tiene como un imán que lo atrae, y ese imán es su deseo más íntimo.

Por eso ahora **busca por allí**, porque Aquel que te creo, puso en vos el deseo de aquello que te ha otorgado para edificar la creación.

Si **secundas** esos deseos, entonces encontrarás tu **alegría**.

Indudablemente ir en esa dirección también te hará encontrarte, tarde o temprano, con la fuente de ese tesoro que es **Dios** mismo.

¡Allí reside la plenitud de las plenitudes!

Por ejemplo...

Tal vez tengas el **deseo** de formar una familia donde expresar tu amor y también donde recibir amor.

Pero actualmente sólo observas **dificultades** para realizar este anhelo debido a que no conoces a la persona justa para llevar adelante este deseo.

Lo que queremos decirte es que si realmente éste es tu anhelo, pronto alcanzarás tu meta, pero tienes que perseverar en sostener aquello que anhelas, y no focalizar en tus temores o heridas.

Confía y abandónate.

Así decía Santa Teresita del Niño Jesús:

Sólo la confianza y el abandono nos harán
alcanzar el amor.

Y de eso se trata en cuestión de relaciones vinculares, de amar y de ser amado.

Estas son las necesidades básicas de cualquier persona. Y por eso si vas en esta línea seguro que crecerás en cuestiones vinculares.

¡No temas más!

¡Confía!

Llevas dentro de ti todo lo que hay que tener para ser feliz y para conducir todos tus vínculos hasta un nuevo nivel.

Pero debes comenzar por amar tu interior, por amar lo que llevas dentro, por amar tu originalidad.

Quédate ahora experimentando por unos minutos el amor de Dios que te invade y te cobija.

Que te muestra su rostro y te ama incondicionalmente.

Quédate allí experimentando ese amor que edifica y sana.

No te levantes por unos minutos, y sólo quédate recibiendo amor.

Llénate de Él.

Luego nos volvemos a encontrar...

¡Bienvenido nuevamente!

¿Has podido entrar en oración y experimentar la felicidad de ser amado y de amarte un poquito más a vos mismo?

Esperamos que sí.

Si quieres dar pasos hasta la siguiente etapa...

Durante este período es común notar que en cuestiones vinculares tendrás que dejarte llevar más por aspectos **neumáticos** que del todo lógicos y razonables.

Así serás totalmente fecundo.

Secundar la gracia del espíritu hace que nuestras relaciones cobren un nuevo tipo de vínculo, en donde es más importante la relación, cuidarla y amarla, que la razón, en una discusión, por ejemplo.

Tal vez esta gracia te haga ir en busca de alguien en un momento que no lo tenías pensado, o de llamar en algún momento en particular a una persona que hace rato no te comunicabas con ella.

Así tus relaciones se irán suscitando y se irán fecundando, originando un anticipo de lo que vendrá.

Aquí es importante que estés atento a un buen discernimiento y a un buen acompañamiento, para no transformarte en un falso profeta que va por el mundo haciendo o diciendo lo que le parece que hay que hacer sin que esto edifique a nadie.

Pero cuando hayas logrado alcanzar un buen discernimiento, comenzarás a notar que tienes inspiraciones particulares para cada relación personal.

Tal vez Dios te **inspire** dar un consejo a alguien, o corregir a alguien.

Insistimos que primero debes estar bien seguro de haber alcanzado un discernimiento maduro y prudente, porque hay mucha gente aconsejando cualquier cosa por ahí sin ningún discernimiento previo.

Y esto puede ser bueno desde lo humano, pero nunca dará frutos extraordinarios, sino ordinarios.

Tal vez Dios también te inspire realizar un **gesto** con alguien en particular, o con algún grupo de personas.

Es desde allí que esta experiencia te dejará en el alma una sensación de paz y gozo porque habrás secundado lo que el **Espíritu** te inspiraba.

Luego los frutos comenzarán a ser extraordinarios.

En un principio suele suceder que sientas que a algunas de estas inspiraciones le agregas algo de tu propia cosecha y la ¡¡¡embarras!!!

Por eso para desarrollar esta gracia tendrás que ser muy humilde y aprender a dejarte **corregir** cuando metes la pata.

Por más crecido que estés, no siempre estarás movido por la Gracia, y desde allí es que tendrás que aprender a observar cuando te acercas a alguien para secundar una inspiración que tal vez tenía motivos propios y no tan ¡¡¡neumáticos!!!

Por ejemplo te acercas a alguien para aconsejarle, pero te das cuenta que detrás de ese consejo hay un interés personal de quedar bien o de ser tenido en cuenta.

Te acercas a alguien para corregirlo, pero detrás de esa corrección se esconde tal vez tu intolerancia.

Bueno querido compañero o compañera del sendero hacia la libertad, te invitamos ahora a repasar algo de lo dicho.

Escribe sobre tu propia experiencia en tu diario personal para aprender a discernir, y luego nos volvemos a encontrar en el siguiente capítulo.

¡¡¡Viví la vida con plenitud!!!

LLUVIA

¡Hola! ¡Bienvenido nuevamente!

Ahora nos **introduciremos** dentro del área de tus emociones, sentimientos y relaciones cotidianas pero en la última etapa de la lluvia.

Es decir en la etapa de fecundidad más plena en cuanto a lo afectivo y también en cuanto a lo vincular.

Pero vayamos primero a focalizar qué es lo que sucede durante este período en el área **afectiva**.

Ser una persona **alegre** es algo que algunos tienen como característica de su propia personalidad.

Pero todos hemos conocido personas que son alegres en su personalidad pero que no viven en la alegría.

A su vez muchas personas confunden ser "gracioso" con ser "alegre", y allí se embarra más la cosa.

Por eso hacemos aquí esta distinción porque esta etapa supone **vivir en la alegría.**

Esta alegría supone un estado duradero y no un momento particular o pasajero.

Es diferente decir:

"Este año que pasó fui alegre, aunque tuve algún que otro momento de tristeza",

A decir lo siguiente:

"Este año que pasó fue tétrico en mi vida, aunque tuve alguna que otra alegría".

¿Puedes darte cuenta de lo que te queremos decir con vivir en un "estado de alegría"?

¡¡¡Y hay más todavía!!!

No se trata de una alegría pasajera disparada por algún evento en particular, sino una alegría **duradera** que no se opaca bajo ninguna circunstancia.

Vivir en la alegría tampoco significa que no tengas empatía con una situación pasajera de **tristeza** en algún momento personal o de tu entorno, sino que esa alegría se transformará en paz, en armonía, y en suma esperanza, aún en los momentos externos más difíciles.

Pero veamos un aspecto todavía más llamativo de esta alegría.

La alegría surge desde tu **interior** y **no** desde algún evento particular **externo**.

Por eso tiene la característica especial de ser "**inmune**" ante los estímulos externos.

Nada ni nadie pueden quitarte esa alegría.

Es por eso que tendrás una dimensión nueva respecto de lo afectivo.

Imagínate que casi todos tenemos altibajos emocionales por cuestiones puramente externas, y algunos hasta por el ¡¡¡clima!!!

Bueno, durante esta etapa nada de eso sucede sino que estarás enraizado en una alegría de cielo que nada la puede opacar.

Algunos creen que esta alegría es imposible de sostener porque sería contradictorio vivir alegre cuando hay **tanto sufrimiento alrededor**.

Pero nosotros nos preguntamos, y te preguntamos a vos:

¿Cómo será el cielo entonces?

¿Podrán estar siempre alegres los que están en el cielo aún cuando observan las penas que nos tocan vivir?

Esta es una pregunta interesante, porque esta etapa supone vivir esta vida con la **fecundidad** de **cielo**.

Por eso, de la respuesta surge también la descripción de este particular estado de alegría que no se opaca por las penas o sufrimientos pasajeros.

Es que el que sabe que todos los **dolores** son **pasajeros** pero que la **alegría** de cielo es **eterna**, elije vivir en lo eterno y no en lo pasajero.

Pero para esto se requiere una **fe** que va más allá de toda duda.

Es una fe probada, posiblemente al atravesar momentos de dolor y también momentos de alegría.

También se requiere de una **esperanza** probada.

Probada más allá de toda duda.

Una esperanza que perdura contra toda desesperanza.

Y esto es lo que te habrá pasado en la etapa anterior durante la etapa de las canaletas, que en idioma espiritual se les llama "noches espirituales".

Cuando sales de la Noche, entonces resucitas a una nueva realidad que sólo el **resucitado** puede experimentar.

Gracias a Dios, seguro que tendrás algún **anticipo** de cielo cuando estés en etapas anteriores, de manera de pregustar la alegría y cobrar fuerzas para seguir adelante.

Muchas veces antes de llegar a la etapa de la lluvia podremos **pregustar** de qué se trata esta etapa.

Tal vez te suceda que vives en la alegría durante algunos meses, aun al atravesar momentos de tristeza o pena por alguna situación.

Pero luego vuelves a un **estado mixto**, y esa alegría tal vez se mezcle con ansiedades o preocupaciones o enojos.

Entonces al evaluar el año ya comienzas a darte cuenta que ese estado de alegría duró algunos meses pero luego se fue diluyendo.

En cambio la alegría en esta etapa es duradera, y generalmente no se vuelve para atrás. Es decir que esa alegría comienza a ser ¡**"eterna"**!

Sin embargo ahora queremos aclararte lo siguiente...

Por más que tu vida sea mixta entre momentos de alegría alternados con momentos de tristeza, lo mejor que podés hacer es tender a vivir en un "estado" de alegría e intentar que las tristezas o crisis sean sólo momentos pasajeros.

Por más que estés en momentos de "Noches Espirituales", ésta es la mejor opción para atravesarlas.

Intenta acortar a través de todas las herramientas que te fuimos compartiendo a lo largo del libro, esos momentos de oscuridad, y sostén el "estado" de alegría.

A medida que lo intentes te será más fácil sostener la alegría y lograrás salir rápidamente de los estados negativos.

Pero la característica de que la alegría surge desde **dentro** es una ¡¡¡**genialidad**!!!

Mira a tu alrededor y observa que la mayoría de las personas tienen alegrías o tristezas en base a cuestiones externas.

Cuando nuestros estados de ánimo dependen de cuestiones externas, entonces perdemos independencia sobre ese mundo exterior, es decir: perdemos **libertad**.

Frecuentemente no nos damos cuenta que no tenemos libertad ante las situaciones externas, pero nuestras creencias o reacciones marcan esas esclavitudes.

Cuando vivimos **reaccionando** ante las circunstancias externas que nos producen depresión, enojo, violencia, o alegrías pasajeras, es una forma de confirmar esa vulnerabilidad o esclavitud respecto de esas situaciones.

Numerosas veces también creemos que vamos a ser felices el día que las situaciones externas cambien o que tal persona cambie o que tal relación cambie.

Así seguimos esperando los cambios externos y no internos.

La libertad está en buscar la felicidad que surge desde adentro, porque es desde allí desde donde tienes poder para **engendrar** esa felicidad y alegría.

Sobre el mundo externo tenemos algo de influencia, pero no lo suficiente como para que tu alegría dependa de ello.

Si tu vida depende de circunstancias en las cuales tienes poca influencia, entonces te vas haciendo muy vulnerable y dependiente de esos factores externos.

Nosotros queremos ayudarte a ir ganando espacios de **libertad** y **señorío** sobre tu vida y sobre tus emociones.

En la medida que aprendas más sobre cómo **conducir** tu interioridad hacia el objetivo de tu plenitud, irás ganando en libertad.

En la medida que tengas más **expectativas** sobre tu interior que sobre tu exterior para generar tu felicidad, irás ganando en libertad.

En la medida que deposites la **responsabilidad** de tus estados de ánimo en tu interior y no en tu exterior, irás ganando en libertad.

Y como de libertad se trata este libro, entonces estas distinciones son súper importantes...

LAS CUMBRES EN LAS RELACIONES...

Nadie desde afuera puede **manipular** a una persona que ha crecido hasta este nivel.

Por eso ahora veamos juntos qué se produce en materia **vincular**.

Hay que tener en cuenta que vivimos en un mundo en el cual en la interacción con los demás siempre hay **influencia** de unos hacia otros.

Cuando nos encontramos con alguna persona, siempre habrá comunicación entre ambos. Aún cuando nos quedemos en silencio.

Y cuando hay **comunicación** hay también **influencia** en algún sentido.

Entonces estará en vos **infectar** a las personas con quejas, malos humores y críticas, o estará en vos **afectarlos** con entusiasmos, alegrías, o esperanza.

Al mismo tiempo estará en vos percibir si estas siendo infectado o afectado por el otro.

Al estar atento y **conciente** de esa influencia, entonces ganas libertad para decidir qué hacer con esa influencia.

Es desde allí que paradójicamente al crecer en humildad e irradiación te harás más y más poderoso, porque nadie te influirá de manera que no quieras, pero sí podrás influir sobre otros con tus virtudes.

El poder en las relaciones...

¡Este es un tema interesantísimo!

Ese **poder** es el que quieren los políticos del mundo, es el que quieren los que manejan los medios de comunicación, es el que quiere cada líder de una institución.

Pero frecuentemente muchos líderes recurren al poder del **miedo** o el **premio** sobre el otro para manipularlo.

En cambio una vez que hayas llegado a esta etapa de lluvia en las relaciones vinculares, irradiarás desde adentro e influirás sobre los otros sin recurrir a ninguna de las dos estrategias típicas de la influencia social que son el premio y el castigo.

Influirás sobre los demás, porque descubrirán en vos ese tesoro que todos buscamos en última instancia, que es la alegría y el amor.

El **amor** es una herramienta de lo más eficaz, pero para que sea maduro tiene que pulirse a lo largo de las diferentes etapas que fuimos señalando.

Es que en un principio no sabemos amar maduramente sino que amamos en la medida de nuestras miserias y defectos.

En el proceso de **sanación** ese amor se irá afinando hacia la aceptación del otro, hacia la edificación del otro, y hacia el deseo de que el otro también viva en la felicidad y la alegría.

Este deseo, libre totalmente de una búsqueda de retribución personal, es un arma poderosísima porque logra que los demás **bajen la guardia** al no sentir una amenaza frente a nuestra presencia.

Y cuando alguien baja la guardia y sus defensas inconscientes, entonces se deja inundar por ese amor que transforma su interior.

Vale la pena repetir una frese de Santa Teresita que decía:

"Amar es darse sin medida sin esperar salario o retribución aquí en la tierra".

Fíjate que la persona que está **plena** no necesita retribución alguna porque ¡¡¡ya está plena!!!

Por eso, sólo el que ha llegado a este nivel de libertad interior puede amar con esta altura.

Ahora viendo estas características del amor…

1) Los celos ¿te parecen que son algún tipo de amor sano?

2) Querer poseer al otro ¿te parece que es un tipo de amor sano?

¿Te das cuenta que el amor es algo totalmente diferente a lo que se le suele llamar "amor" vulgarmente?

Pero la característica más sobresaliente de esta etapa es la **fecundidad** que hay respecto de lo afectivo y de lo vincular.

Es una etapa de engendramiento y propagación de esa plenitud que llevas dentro.

Y esto genera obras o sucesos que son llamativos porque son **extraordinarios**.

Es que esas obras no pueden ser evaluadas con parámetros "**normales**", porque al estar en esta etapa no serás "**normal**".

Aquí queremos decir "normal" como dentro de la norma "común".

Pero lo "común" no es estar en esta etapa.

El común de las personas vive una vida "**normal**" que no llega a esta plenitud.

Y sus obras son "normales" o dicho de otra manera, sus obras son ordinarias.

En cambio el que ha llegado a esta etapa realiza obras que van más allá de lo ordinario, es decir que son **extraordinarias**.

Y por eso la gente se sorprendió con las obras que generó Gandhi, la Madre Teresa de Calcuta, Nelson Mandela, Juan Pablo II, u otras personalidades destacadas de las diferentes áreas de la sociedad.

Allí todos se preguntan: ¿cómo pudo llegar a tanto?

Te brotará un anonadamiento al notar que es posible llegar a estas alturas de la fecundidad interior cuando seas dócil, y cuando continúes creciendo en la vida en todas las áreas.

Una frase a la cual adherimos es la siguiente:

"Lo que tu modelo o referente ha llegado a ser, también lo puedes ser vos mismo".

La frase tiene diferentes aristas discutibles u opinables, porque cada uno es único.

Pero lo que queremos destacar es que si intentas crecer como cualquier referente que tienes como modelo, puedes llegar a ser y a realizar obras tan plenas o aún mayores que tu mentor.

Es desde allí que estás llamado a crecer sin límites en estas áreas.

Haciendo Comunidad...

Pero la fecundidad de esta etapa en lo afectivo y en lo vincular, también se detectará porque generarás y engendrarás **"comunidad"** a tu paso.

Es decir que al llegar hasta estas alturas terminarás engendrando comunidad.

Puede ser una comunidad social, religiosa, empresarial, política, etc.

Es decir que la visión que tendrás sobre la vida, el presente, o el futuro, inspirará a otros que verán en tus ideales algo que los alentará también a ellos a perseguir.

Por eso, al llegar hasta aquí, comenzarás a vivir sin darte cuenta en un nuevo **rol de líder**.

Surgirá desde allí una **autoridad** que se expresará desde el mismo testimonio de vida.

No es una autoridad alcanzada por otros medios que no sean la propia vida.

Por eso, este tipo de autoridad, tiene un poder que otros desde algún punto desean.

Y la **autoridad**, como la palabra lo indica, da **auge** a otros, es decir que los entusiasma con sus valores, con sus conductas, con sus objetivos e ideales.

Sobre el tema de la autoridad y el liderazgo, también hemos escrito libros y audios que puedes conseguir escribiéndonos a nuestro mail:

toioines2@yahoo.com.ar

Pero para ilustrar este punto de la autoridad, de una manera clara y concisa, vayamos ahora a observar algo muy especial...

Una historia muy particular...

Cuenta la historia que una madre quería llevar a su hijo, que tenía problemas de alimentación, ante su maestro y mentor Mahatma Gandhi.

Para tal objetivo tuvo que atravesar varios obstáculos para llegar ante la presencia de su maestro.

Vivía muy lejos y le costó muchísimo trabajo poder atravesar grandes distancias sola con su hijo.

Ella tenía otros hijos, por eso tuvo que organizar a su familia para que se quedara a cargo de sus otros hijos mientras ella cruzaba una gran distancia en la búsqueda de su maestro.

Luego de ese largo recorrido lleno de dificultades y obstáculos, llegó ante su maestro.

Al estar frente a él le imploró:

"Por favor Mahatma, dile a mi hijo que no coma azúcar, ya que tanta azúcar le hace muy mal a su salud".

Gandhi, después de una pausa pensativa contestó:

"Tráigame a su hijo hasta aquí en **dos semanas**".

Ella se retiró perpleja, sin saber si esta propuesta de Gandhi era lógica o no.

*Generalmente los discípulos colocan en sus maestros una cuota de **confianza**. Por eso ella se marchaba del lugar sospechando que detrás de esa propuesta había una idea sabia que ella todavía no lograba descubrir.*

Pero por momentos dudaba de la situación y no sabía si volver o no ante su maestro.

Dos semanas después, la madre volvió a preparar el viaje.

Esta vez tenía todo un poco más organizado para el viaje, pero la duda respecto del nuevo viaje había hecho estragos y la pobre madre arrancó el itinerario con una mezcla de expectativas y tres gotas de vacilación.

Luego de atravesar largas distancias y obstáculos, llegó ante su maestro.

Al estar frente a él, la madre nuevamente insistió a Gandhi:

"Mahatma, hace dos semanas nos pidió que volviéramos hoy. Por favor dile ahora a mi hijo que deje de comer azúcar, ya que tanta azúcar le hace muy mal a su salud".

Gandhi miró bien profundo en los ojos del muchacho y le dijo:

"Hijo, no comas azúcar"

Agradecida pero perpleja, la mujer preguntó:

"Maestro, ¿por qué me pidió dos semanas? ¡Podría haber dicho lo mismo dos semanas atrás!"

Y Gandhi, imperturbable, le contestó:

"Hace dos semanas, yo también estaba comiendo azúcar"

¿Te das cuenta? Hacerse cargo del lugar de liderazgo no es fácil porque generalmente no estamos trabajados interiormente para tan alto rol.

Por eso la persona que ha llegado hasta aquí no es un **improvisado** a nivel autoridad.

Es una persona que vive aquello que sostiene, y por eso su autoridad como líder surge de su **testimonio de vida**.

Muy diferente es aquel que llega a un lugar de autoridad por cuestiones de exámenes intelectivos, o por una buena publicidad en los medios de comunicación.

Algunos llegan a un lugar así pero como **paracaidistas**.

Después, cuando no funcionan en su rol de autoridad, terminan echándole la culpa a las personas u ovejitas que tendrían que pastorear o dirigir, diciendo: son vagas, son ignorantes, no me entienden, no se ponen la camiseta de la empresa, son rebeldes, no captan las ideas, son chismosas, critican a todos, etc.

¿Suena conocido ese discurso en alguna autoridad?

Pero yendo hacia tu **propia experiencia**...

¿Estuviste alguna vez en un lugar de autoridad?

Tal vez eres padre, o tienes alguna responsabilidad respecto de otros en el área religiosa, o social, o laboral.

¿Cómo te fue en el ejercicio de la autoridad?

Puedes anotar en tu diario personal la experiencia, e intenta descubrir tus **virtudes** y tus **debilidades** respecto de este rol.

Allí se pueden revelar los aspectos en los cuales puedes focalizar para seguir creciendo.

Trabaja en este ejercicio y luego nos volvemos a encontrar...

Bienvenido nuevamente.

Ser autoridad no es algo con lo que uno nace, sino que se **aprende** si realmente quieres aprender sobre el tema.

Tampoco existe un limitante por ser de tal tipo de personalidad o de otro, sino que puedes trabajar desde las características que tengas hoy mismo.

Mirar la meta, observar este nivel de lluvia en el área de los sentimientos y de las relaciones cotidianas, te brinda la posibilidad de ampliar y renovar tus objetivos, y también te acerca la posibilidad de levantar la vista y la mirada.

Acuérdate que...

"Si quieres acertarle a la montaña tendrás que apuntarle a las estrellas".

Por último veamos una característica que sobresaldrá cuando alcances esta etapa de lluvia.

Al estar totalmente comprometido con tu vocación y al tener una afectividad armonizada, generarás **adhesiones** que antes no generabas.

Por eso comenzarás a tener personas que se sientan atraídas por tu testimonio de vida e ideales.

Surge así algo que va más allá de una simple descripción, que se llama **maternidad** o **paternidad** espiritual sobre otros, o una relación de **maestro-discípulo** que caracterizará a algunas de tus relaciones vinculares.

Comenzarás así a engendrar **hijos espirituales** o discípulos.

Podrás "**hacerte cargo**" de esa paternidad, que es muy diferente al que ha llegado a algún lugar destacado y tiene "seguidores" o "fans", pero que no ha engendrado "hijos espirituales".

Quienes no están preparados para semejante rol, cuando llegan a un lugar de autoridad o de fama, al alcanzar algún logro pasajero en una de las áreas, entonces se estresan, se cansan, y se defienden cuando son criticados.

Intentan a toda costa mantener una **imagen** sostenida sólo sobre algunos aspectos visibles, y por eso ocultan los aspectos que no se pueden mostrar a los demás para que su imagen no decaiga.

Esta situación **estresa** aún más al que llegó a este lugar sin preparación, y así está organizando su fracaso futuro.

Al fracasar, luego se **resienten** o se **hieren**, y entonces no quieren ocupar nunca más un lugar de liderazgo.

Prefieren entonces ocupar lugares menos "visibles" la próxima vez, o lugares sin responsabilidades sobre otros.

Es decir que **renuncian** a una "paternidad" o a un "liderazgo" que nunca habían alcanzado en primera instancia.

¿Puedes notar que no se llega hasta aquí de manera **improvisada**?

Se requiere un **proceso** de crecimiento y perseverancia.

Un proceso de **formación** y de **humildad** para dejarse enseñar o conducir.

Se requiere un proceso de **conocimiento de sí** y del cómo se **afecta** o se **infecta** a otros.

Se requiere crecimiento en el **amor** y en la fecundidad vincular.

Se requiere del aprendizaje de múltiples **habilidades sociales**.

Se requiere de mucha docilidad en la **virtud**, al tiempo de firmeza y determinación respecto del trabajo de reducir las **miserias** o defectos dentro de las posibilidades de cada uno.

Este último punto requiere cierta aclaración...

La corrección propia o de otros hacia vos.

Tal vez puedas pensar que para llegar hasta aquí tendrás que ser "**perfecto**".

La verdad es que no, porque creemos que aún en esta etapa arrastrarás imperfecciones, algunas más visibles que otras.

Pero la diferencia aquí es que continuarás intentando mejorar a cada paso. Es estar atento a una evaluación interior para seguir observando cómo seguir creciendo.

A su vez, hay una forma de crecer interesante...

Si creces en humildad, puedes llegar a aceptar con alegría al que te **corrige**, porque será una forma de identificar lo que vos mismo, tal vez, pasaste desapercibido.

La **corrección fraterna** (cuando otra persona te corrige) es una herramienta que puedes llegar a utilizar para crecer.

Puede ser útil para no vivir en una burbuja. Es una forma de retroalimentación o feedback.

Por ejemplo hay autoridades o líderes que no quieren saber nada cuando se los corrige.

Hay políticos, líderes empresariales, líderes religiosos, que aceptan sólo la opinión de aquellos cercanos que ven su mejor lado.

Seguir así es **cegarse** a las imperfecciones que habrá que mejorar.

Por supuesto que aceptar una corrección no es nada fácil, sobre todo cuando está hecha a destiempo o de mala manera.

Por eso tendrás que estar preparado hasta el extremo para aceptarla con alegría.

Admitirla no significa que la corrección sea correcta.

Tendrás que discernir lo cierto o no de la corrección.

Muchas veces nos corrigen personas que lo hacen por motivos oscuros de envidias, celos, enojos, heridas ocultas, o por proyecciones de personas de su pasado.

De cualquier manera, aunque lo hagan así, tendrás que discernir qué trae de cierto o no la corrección.

Tampoco tendrás que descartarla totalmente porque provenga de alguien que no te tolera o que está herido.

Llegar a este nivel de **humildad** es liberador.

¿Puedes notar que este nivel de crecimiento es traducido en felicidad?

¿Quieres ser feliz realmente?

¿Quieres tener una felicidad que no se opaque por alguna mala relación pasajera?

¿Quieres tener una felicidad que nunca sienta soledad?

¿Quieres tener una felicidad que no tema por alguna emoción de depresión o ansiedad?

Entonces continúa creciendo.

Continúa conociéndote a vos mismo.

Continúa construyendo la arquitectura que necesitas para mantener y fecundar los vínculos cotidianos.

Reserva parte de tu tiempo para trabajar en esta área que tanto bien hace.

Busca potenciar tus metas para que tus vínculos hablen de fructuosidad.

Si esta área no funciona, tu vida nos funcionará del todo.

Cuando llegues a explotar toda la riqueza que llevas dentro, entonces tu vida cambiará y será más hermosa que nunca.

Atrévete a cambiar y crecer.

Atrévete a llegar al máximo de tus potencialidades.

Atrévete a perseverar siempre sin detenerte.

Por eso levanta tu vista, persevera, y espera…, porque nadie que se haya atrevido a caminar por estos senderos ha quedado defraudado.

Sigue adelante con las ideas que fuiste observando en estos capítulos.

Practícalos y léelos una y otra vez para que se hagan carne en ti.

¡¡¡Viví la vida con plenitud!!!

EVALUACIÓN FINAL...

Quisiéramos, querido amigo lector, acompañarte en la alegría de caminar hacia la fecundidad en tu aspecto emocional y también en tu aspecto vincular.

Esperamos con entusiasmo tu testimonio sobre las ideas que te han servido de este libro.

Puedes probar por un tiempo y hacer el experimento de seguir la propuesta por un lapso hasta evaluar por los frutos.

Pero como decimos también en otros libros, que estas líneas no queden sólo con haberlas ¡leído!

¡Hazlas vida!

Cuando quieras puedes escribirnos a:

toioines2@yahoo.com.ar

Te proponemos que anotes en tu cuaderno personal sobre aquellas ideas o ejercicios que hiciste a lo largo del Libro/Taller, y que te ayudaron a dar pasos en tu vida.

Luego, si quieres, puedes escribirnos para contarnos cómo te fue.

Te proponemos continuar en contacto, y seguir creciendo juntos.

¿Cómo?...

Propuesta Final...

A lo largo del libro te fuimos haciendo ver que la vida no es sólo un área en particular.

Hay en ella múltiples áreas que le otorgan esa sensación de plenitud que todos buscamos.

Ahora es tiempo que continúes "trabajando" en tu crecimiento también en otras áreas y que **irradies** a otros todo lo aprendido.

Algunas sugerencias te pueden ayudar para continuar por este sendero hacia la libertad.

Hemos escrito otros libros y audiolibros que te pueden ser de utilidad a la hora de poner en práctica las ideas que aquí te expusimos.

"Camino a la Libertad: **para crecer en cuatro áreas de tu vida** ".

Esta obra te acerca **herramientas** para evaluar y dar pasos en todas las áreas de tu vida.

Podrás evaluar tu vida en diferentes aspectos y te contamos, de manera muy divertida, el proceso de crecimiento personal y también de algunas personas que se lanzaron a dar pasos.

Allí se vuelcan también ideas teóricas que te pueden aclarar aún más lo expresado aquí.

Nuestra idea es ayudarte a alcanzar la libertad en su máximo potencial.

Quizás hayas crecido en algún aspecto particular a pasos de **gigante**, pero tu vida en el resto de las áreas no refleja ese crecimiento.

Tal vez en el área afectiva comienzas a dar pasos, pero de pronto te encuentres **endeudado** hasta la coronilla o presentas una situación económica desordenada, o estás atravesando circunstancias de **sometimiento laboral** que podrían evitarse.

O tal vez notas que te encuentras bajo la esclavitud de un estilo de vida **escasamente saludable,** y los rollitos en tu cintura hablan impúdicamente de ello.

O quizás tu vida no tiene nada que ver con la palabra "**Disfrute**".

Este libro intenta proponerte estrategias para que crezcas en diferentes áreas.

Muchos lectores nos han enviado testimonios increíbles.

A muchas personas este libro les cambió la vida en numerosos aspectos vinculares, emocionales, espirituales, económicos, en su estilo de vida, en la vocación, o en el disfrute.

"Teoterapia: Sano y Santo"...

Este libro te propone un camino de crecimiento en la vida espiritual a través de una serie de etapas de profundización.

Allí te introducimos a una fuerte experiencia espiritual y te presentamos una metodología que te facilitará crecer en esta área que es como la columna vertebral de tu vida.

Descubrirás un sendero de crecimiento en la vida interior, con **nueve etapas** hasta la cumbre de la mística espiritual.

Todo este material está diseñado para que lo puedas "bajar" a tu vida cotidiana de manera de experimentar como se fecunda tu vida diaria con gracias de oración contemplativa.

"TeoEconomía: Santo y Rico. Economía Personal y Vocación"

Este libro focaliza en el área de tu Economía Personal y la Vocación.

Presentamos conceptos sencillos y concretos para alcanzar tu libertad económica al tiempo de encontrar y desarrollar tu verdadera vocación.

Puedes ir creciendo paso a paso en tu libertad, y también puedes ayudar a otros en ese proceso de liberación.

Es un camino que toma en cuenta también tu crecimiento en otras áreas de importancia en tu vida.

"TeoGenética: Apasionado y Santo. Tu Estilo de Vida y Disfrute"

En este libro focalizamos en el área del **Estilo de Vida** y el **Disfrute** pero desde una concepción totalmente revolucionaria.

¡Ahondaremos en cómo el medio ambiente modifica hasta tus genes!

Por **"medio ambiente"** se entiende todo tu entorno, donde vives, con quienes vives, ejercicios corporales, dietas sanas, etc.

Pero también notaremos cómo todo tu sistema de creencias influye hasta en tu genética.

Veremos también que dentro de ese sistema de **creencias** se incluye tu "espiritualidad" y la relación que tienes con todo tu interior.

También podrás observar la forma que tienes de **"percibir"** el mundo que te rodea y la diferencia entre percibirlo como **"hostil"** o como **"amistoso"**.

Es un tema que influye enormemente hasta en erradicar o anclar enfermedades agudas o crónicas.

¡Créenos que es un tema que te cambiará la vida para siempre!

Y creemos que con las herramientas y conceptos que te compartiremos, podrás diseñar un Estilo de Vida acorde a tus mayores anhelos y aprenderás a vivir con **Pasión** cada momento de tu vida.

Taller en forma de audiolibro...

"Taller Para Caminar Hacia la Libertad".

Esta es una obra en formato de **audiolibro**, de manera que la puedes escuchar en tu celular o en tu automóvil o en tu computadora.

Aquí desarrollamos el área de los sentimientos y de las relaciones cotidianas en formato de audiolibro y puedes escuchar en audio los mismos conceptos que leíste aquí.

De esta forma puedes acceder a éste material en un formato que te permite tener una flexibilidad increíble para nutrir tu mente de ideas fecundas.

Puedes escuchar estas ideas mientras realizas ejercicios, cuando caminas de un lado a otro, en los viajes en tu auto, mientras esperas en una cola para ¡¡¡pagar tus impuestos!!!

Pero también están las otras áreas en formato audiolibro o libro para que crezcas de forma pareja.

Este Taller en audio son una serie de **26 CDs** divididos en cuatro grandes áreas:

1. **Espiritualidad e Intimidad**   (6 CDs)
2. **Afectividad y Vínculos**   (7 CDs)
3. **Economía Personal y Vocación**   (7 CDs)
4. **Estilo de Vida y Disfrute**   (6 CDs)

Cada área tiene una introducción donde se definen conceptos concretos y claros para poder evaluar tu vida desde diferentes perspectivas.

Durante este libro focalizamos en el área de la afectividad y los vínculos, pero es una **obra amplísima** para dar pasos en cada aspecto.

Al escuchar los audios sabrás con mayor certeza sobre tu vocación.

Obtendrás herramientas para crecer y alcanzar la libertad económica.

Observarás y trabajarás en la construcción del Estilo de Vida que deseas y sueñas.

Otros audios individuales...

También hay otra serie de audios de temas individuales que amplían lo trabajado en este taller según el área de interés en el que quieras profundizar:

Modelando la personalidad: son dos CDs de 60 minutos cada uno.

También en formato más ampliado de libro.

Allí te presentamos herramientas concretas para transformar tu personalidad de manera que te ayude a alcanzar tu plenitud.

Algunos creen que la personalidad es algo con lo cual nacemos.

Nosotros creemos que la personalidad es algo que se **forma**.

Por eso ahora puedes formarla de la manera que quieras para producir los frutos que deseas.

Otros audios en gestación...

Puedes ingresar en nuestra página para encontrar mayor información.

www.toioines.wix.com/volemosalto

Y si quieres continuar creciendo en el área Espiritual...

Retiros espirituales...

También pertenecemos a una comunidad que organiza retiros espirituales fantásticos.

En ellos puedes también comenzar a recorrer un camino de crecimiento espiritual increíble.

Hay numerosos retiros de fin de semana y también una serie de retiros más extensos de **seis días** de duración que se llaman **"Convivencias con Dios".**

Los siete retiros de seis días son los siguientes...

- ✓ **Convivencia con Cristo**: Doctrina cristiana a la luz de la Historia de la Salvación. Retiro espiritual intensivo con formación cristiana integral.

- ✓ **Convivencia con Pablo**: Propone la teología paulina en puntos tales como el Señorío de Cristo, la gracia, la moral centrada en el amor, y la fidelidad a la Iglesia.

- ✓ **Convivencia con Pedro**: Hace vivir la Historia de la Iglesia, partiendo del Evangelio de Marcos, las cartas de Pedro y los Deuterocanónicos, infundiendo amor a la Jerarquía de la Iglesia, al Derecho Canónico, la liturgia, y las tradiciones católicas.

- ✓ **Convivencia con María**: Ahonda en conocimientos teológicos-bíblicos, a través del Cantar de los Cantares y de los escritos de San Juan. Hace progresar en la oración contemplativa.

- ✓ **Convivencia con el Espíritu**: Descubre nuevas facetas del Espíritu Santo, partiendo de su quehacer en el universo, en la Iglesia, y en cada hombre. Nos presenta los grados de oración contemplativa, discerniéndolos desde las ligaduras.

- ✓ **Convivencia con la Trinidad**: Proceso con que Dios nos fue revelando su vida íntima en la historia de Israel, en tiempos de Jesús, y en la Iglesia primitiva. Avanza en teología espiritual, y deja vislumbrar las cumbres de la mística. Noche del espíritu y Desposorio Místico.

- ✓ **Convivencia con Dios Amor**: Cumbre de la mística católica. Discernimiento profundo de la oración personal. Matrimonio Espiritual y Unión Transformante.

Es decir que ahora ¡¡no tienes excusas!!

¡¡¡Tienes todas las herramientas necesarias para crecer en libertad!!!

Ahora sabes que eres co-creador de tu propio futuro.

Queremos saber más sobre vos y de cómo te fue en la lectura de este libro

Queremos saber de tus logros y de cada paso de libertad.

Queremos saber de tu vida y tus anhelos, para alegrarnos contigo.

Para comunicarte con nosotros escríbenos al siguiente mail:

toioines2@yahoo.com.ar

Y también en nuestra página web:

www.wix.com/toioines/volemosalto

Tus victorias son parte de nuestro combustible, por eso esperamos ¡noticias tuyas¡

Continúa con constancia en este caminar y, si aceptas el desafío de bucear en ese sentido, lo demás será añadidura...

Inés y Víctor

Inés Cecilia Gianni y Víctor Manuel (Toio) Muñoz Larreta

Notas

Notas

Notas

Notas